俺カルボ

鉄人シェフ18人が作る基本&アレンジレシピ

俺のカルボナーラ

玄光社

Introduction

　濃厚な卵ソースで作るカルボナーラは、料理名を「Spaghetti alla carbonara（スパゲッティ・アッラ・カルボナーラ）」と言います。スパゲッティは日本ではパスタの総称として呼ぶことも多いのですが、イタリアではロングパスタの種類を指し、1.8〜2.0mmの太麺タイプをスパゲッティと呼びます。カルボナーラはローマ発祥のパスタ料理とされ、豚のほほ肉を加工したグアンチャーレ、卵黄、ペコリーノ・ロマーノという羊乳のチーズ、黒コショウが基本の材料とされています。ただ、これを使わなくてはいけないという明確な規定があるわけではなく、ローマの郷土料理として地産地消で手に入るものがメインになっているということだと思います。現に、料理名にスパゲッティとあっても、ローマではロングパスタではなくショートパスタでカルボナーラを出すお店も多いです。濃厚なカルボナーラソースに合うパスタとなればショートやロングの垣根はないのでしょう。

　また、カルボナーラはペペロンチーノと同様に料理にこだわる人たちの間でも人気の高いメニューのひとつです。シンプルな材料ですが、おいしく作るのは意外と難しくて苦手と感じる人も多くいます。卵とチーズの火加減、グアンチャーレやパンチェッタの香ばしさ、黒コショウのアクセントなど、細かな技術が求められます。特に卵の扱いが料理の難易度を上げ、高温で調理をしてしまうと炒り卵のようになり、火入れが足りないと卵の生っぽさが残ってしまいます。ただ、これはプロの料理人も一緒で一瞬でも気の抜けない料理のひとつです。そんな、日本の第一線で活躍するシェフたちは、このカルボナーラをどのように捉えて作っているのか？　そんな疑問を形にしたのがこの本です。

　今回はイタリア料理の鉄人シェフだけではなく、アジア料理、フランス料理で活躍されているシェフたちにも参加いただき、カルボナーラというひとつのパスタ料理を作っていただきました。シェフたちの、これまでの豊富な経験と技術が詰まったレシピの中から、現時点のおすすめのレシピを紹介しています。

　日本では、カルボナーラに生クリームを入れるのはありかなしか、などの論争が起きたりしますが、その次元をはるかに超えた「俺のカルボナーラ」がここには存在します。食材選びから火入れ、味わいまでシェフによって驚くほどの違いがあり、そこにはシェフの思いや哲学が凝縮されています。

　読者の皆さまにも、カルボナーラの奥深さを知るとともに、僕と同じ驚きと感動をこの1冊を通して味わっていただけたらと思います。様々なカルボナーラを作りながら楽しんでください。

Chef Ropia

Index

Introduction	02
カルボナーラとは	05
カルボナーラの基本の材料	06
俺カルボ18名のシェフ紹介	10

Pasta alla carbonara 01｜片岡 護
Basic	14
Arrange スモークサーモンと白トリュフのカルボナーラ	19

Pasta alla carbonara 02｜山田宏巳
Basic	22
Arrange トマトカルボナーラのカプチーノ風	27

Pasta alla carbonara 03｜原 宏治
Basic	30
Arrange パリパリチーズとブロッコリーのカルボナーラ	35

Pasta alla carbonara 04｜日髙良実
Basic	38
Arrange トマトとオレンジジュースのカルボナーラ	43

Pasta alla carbonara 05｜山根大助
Basic	46
Arrange ゴボウとオムレツのカルボナーラ	53

Pasta alla carbonara 06｜濱﨑龍一
Basic	54
Arrange 白魚とルッコラのカルボナーラ	59

Pasta alla carbonara 07｜鈴木弥平
Basic	62
Arrange ディップ式カルボナーラ	67

Pasta alla carbonara 08｜小川洋行
Basic	70
Arrange 烏骨鶏卵黄と黒トリュフのカルボナーラ	75

Pasta alla carbonara 09｜奥田政行
Basic	78
Arrange 鴨とホワイトアスパラガスのカルボナーラ	83

Pasta alla carbonara 10｜秋田和則
Basic	86
Arrange 牡蠣と九条ネギのカルボナーラ	90

Pasta alla carbonara 11｜桝谷周一郎
Basic	94
Arrange 金華ハムのうま味をきかせたカルボナーラ	99

Pasta alla carbonara 12｜直井一寛
Basic	102
Arrange レモンが微かに香る魚介のカルボナーラ	107

Pasta alla carbonara 13｜神保佳永
Basic	110
Arrange 生ハムの冷製カルボナーラ	115

Pasta alla carbonara 14｜Chef Ropia
Basic	118
Arrange 食感が残るタマネギのカルボナーラ	123

Pasta alla carbonara 15｜弓削啓太
Basic	126
Arrange マカロニで作る生ハムのカルボナーラ	130
二日目の贅沢カルボナーラサラダ	132

Pasta alla carbonara 16｜Pasta クオーレ
Basic	134
Arrange チーズを使わないホタテのカルボナーラ	139

Pasta alla carbonara ×Asian｜大西哲也
Basic	142
Arrange 柿のカルボナーラ仕立て	147

Pasta alla carbonara ×French｜吉田 能（George）
Basic	150
Arrange プチプチ食感のリゾット風カルボナーラ	155

カルボナーラの素材・調理一覧表	**158**

Pasta alla carbonara ?

カルボナーラとは

本書で紹介するカルボナーラとはどんな料理なのか、
イタリアでの歴史から材料について、日本での発展や卵の火入れについてなど、
基本的なことを紹介していきます。

カルボナーラの基本概念

カルボナーラはイタリア料理の中でもメジャーな
パスタ料理ですが、イタリアのローマを中心とした
地域で生まれた料理とされ、その由来には諸説あり、
どれが正しいのかははっきりとしていません。有力
な説のひとつは、仕事の合間に「炭焼き職人＝
carbonara」がパスタを作ったところ、体について
いた炭の粉がパスタの上に落ち、その炭を黒コショ
ウに見立ててできたというもの。もうひとつは、第
二次世界大戦時のローマ解放によりアメリカ軍が持
ち込んだ卵、ベーコン、スパゲッティを使ってイタ
リア人シェフが考案した、というものです。

正式な料理名は「Spaghetti alla carbonara（ス
パゲッティ・アッラ・カルボナーラ）」で、炭焼き
職人風という意味になります。黒コショウが炭の粉
に見えると言われるように、カルボナーラには黒コ

ショウは見た目にもアクセントとしても欠かせない
食材とされています。

また、ローマが発祥のパスタ料理ということで、
使う食材は黒コショウの他には卵、豚のほほ肉を加
工したグアンチャーレ、ペコリーノ・ロマーノとい
う羊乳から作られたチーズとされています。ローマ
で伝統的なカルボナーラを出す店では、全卵ではな
く卵黄のみが使われていることが多く、見た目が想
像以上に黄色いのも特徴です。料理名にスパゲッティ
とあるように、ロングパスタの種類である1.8～
2.0mmの太麺タイプのパスタを使うことを基本と
していますが、本場のローマでもショートパスタを
使ったカルボナーラを出す店は多くあります。これ
は、カルボナーラの濃厚なソースには、しっかりと
噛み応えのあるパスタが合うとされているからです。

郷土料理 or イタリア料理？

ローマの郷土料理として親しまれてきたカルボナー
ラは、卵とチーズという多くの人が好む食材を使っ
たパスタ料理であることから、今ではイタリア以外
でも多くの地域で作られているメジャーな料理のひ
とつとなっています。それはイタリア国内でも同じ
で、ローマ以外でもカルボナーラを出している店は
あります。ローマ以外の地域だと、グアンチャーレ
ではなくパンチェッタを使ったり、ペコリーノ・ロ
マーノの代わりにペコリーノ・トスカーナやパルミ
ジャーノ・レッジャーノを使ったりと、その地で親
しまれている食材が使われることが多々あります。
ローマの郷土料理という枠を超えて、もはやイタリ
ア料理として発展してきたパスタ料理とも言えます。

日本では、カルボナーラに生クリームを使うのは
ありかなしか、ということがよく議論になりますが、
イタリア国内でもカルボナーラに生クリームを使う
ところはあります。これは、乳製品がよく使われる

などの地域性も関係していると言われていますが、
それよりも「生クリームを使ったほうがおいしい」
というシェフの考え方があるからではないでしょうか。

日本でももちろんローマで修業をしたり、勉強を
したりして本場の味を知るシェフたちがたくさんい
ますが、水分が少なくて塩気の強いカルボナーラは
日本人の口には合わないということもあって、カル
ボナーラは日本でも独自の進化を遂げてきたと思い
ます。日本には「卵かけごはん」など気軽に生食で
食べる習慣もあり、卵愛の強い人が多いのも特徴で
す。また、日本では熱い料理は熱く提供することが
求められるので、卵の風味を生かしながらこの絶妙
な温度感を保つことも求められます。ゆで汁を使っ
たり、生クリームを使ったり、卵は卵黄のみ、ある
いは全卵を加えるなど、すべてはシェフそれぞれが
自信を持っておいしいと考えるカルボナーラを作る
ために導き出されたものなのです。

Basic Ingredients

カルボナーラの基本的な材料

メインとなる卵、チーズ、豚の加工肉、黒コショウ、そしてパスタ、
またパスタをゆでるときや調味に使う塩など、カルボナーラの基本的な材料を紹介します。

No.1 卵

卵の産地と種類

カルボナーラに欠かせない食材の卵。一般的には卵＝鶏卵で、古来より世界中で食されている食材です。日本では江戸時代頃から食べるようになったと言われています。

カルボナーラでは卵黄のみ、全卵、卵黄と全卵を組み合わせるなど使い方は様々ですが、卵黄が要となる料理のため、なるべく卵黄の味が濃いものを選ぶのがポイントです。

カルボナーラもそうですが、卵は火入れが難しいので、それぞれの熱によって固まる（ゲル化）温度帯を知っておくとよいでしょう。卵黄は65度くらいから卵白は60度くらいから固まり始めるとされています。

日本で売られている卵には、白い卵と茶色味がかった赤い卵があります。これは鶏の種類の違いで、栄養価などには関係しません。味や栄養価に差が出る要因は、えさの内容や質、生育環境などによります。

日本で一般的に多く流通している白い卵はイタリア生まれの「白色レグホン」というニワトリが産む卵です。卵用種として品種改良をされ、1羽で年間300個近くの卵を産むと言われています。

赤い卵は「ロードアイランドレッド」が代表的で、純国産種では「もみじ」が有名です。その他にはさくら色の卵を産む「さくら」、卵のサイズが小さく産卵数が少ないことから高価な「烏骨鶏卵」などがあります。

No.2 チーズ

チーズの種類

チーズ作りは、山羊や羊のミルクが自然界にある乳酸菌の働きによって固まり、その塊から水分が分離することを発見したのが始まりとされています。乳酸菌や酵素の働きでミルクのたんぱく質を固めて発酵・熟成させた食品として今では世界中で食べられています。

チーズの種類は1000以上はあると言われ、フレッシュタイプ、白カビタイプ、フレッシュタイプなど様々なタイプのチーズが存在します。カルボナーラの本場と言われるローマで有名な「ペコリーノ・ロマーノ」は羊乳から作られるハードタイプのチーズで、長期熟成（1〜3年）をさせて硬さがあります。またイタリア料理ではよく使われる「パルミジャーノ・レッジャーノ」も同じくハードタイプのチーズです。チーズをきかせたい場合はチーズグレーターなどを使って削り立てを料理に使いますが、他の食材の風味を生かしたい場合はあえて粉状で売られているチーズを使うこともあります。

No.3 豚の加工肉

ローマのカルボナーラでは豚のほほ肉を加工したグアンチャーレを使うことが多いのですが、イタリア全体となると豚バラ肉を使ったパンチェッタもよく使われます。日本で作られるカルボナーラではグアンチャーレがなかなか手に入らないこともあり、パンチェッタやベーコンを使って作るほうが一般的となっています。特に、お得な価格で手軽に買えるベーコンは人気の加工肉のため、家庭で作るカルボナーラでもよく使われています。

自家製パンチェッタの作り方

パンチェッタは家庭でも作ることができます。雑菌が増えないように気をつければ塩加減も自分好みに作ることができるので、ぜひ試してみてください。

1
袋やパックから出した生肉には雑菌が付着しているため、普段使用するまな板などはなるべく使わず、平台にラップを3重くらい敷いた上で下処理をする。

2
肉と手が直接触れないようにビニール手袋をして、豚バラ肉から出たドリップをキッチンペーパーで押さえながらよく拭き取る。

3
空気に触れる肉の表面に、塩をまんべんなく振る。肉の重量に対して5%の塩を振る。今回使用した肉は1.2kgだったため、使う塩の量は60g。塩は岩塩や海塩などのミネラル分を多く含む塩のほうがおすすめ。

4
肉が重なっている部分にも入念に塩を振る。まんべんなく塩を行き渡らせるために肉にフォークで穴を刺すという方法もあるが、空気に触れる部分が多くなると雑菌が増えるリスクも高まる。

5
バットと網を用意し、塩を振った肉を網の上にのせる。1日1回、天地を返し、冷蔵庫で1週間ほどラップをせずに熟成と風乾させる。滴ったドリップは毎日捨てて、雑菌が増えないようにする。

6
熟成が終わった自家製パンチェッタはラップに包んで冷凍ができるため、作るときは1kgくらいの塊で作るのがおすすめ。塩分は好みだが、家庭だとカビや腐敗をしないように3%以上にはしたい。安全のため生食は避けよう。

No.4 黒コショウ

カルボナーラの「炭焼き職人風」という名前の由来に大きく関係していると言われる黒コショウ。コショウ科のつる性の植物の実が完全に熟す前の緑色の状態で、皮つきのまま長時間かけて乾燥させて作られるのが黒コショウです。独特の強い刺激的な香りと辛みがあり、料理のアクセントとしてよく使われます。

黒コショウの使い方について

　カルボナーラを作るときに黒コショウの香りや辛みを強調したいなら、ホールの黒コショウを粗めに粉砕して使うのがおすすめ。粗めにするためにはペッパーミルを使って挽くのが一般的ですが、肉たたき器や鍋の底などの硬い部分でつぶして使うと、噛んだときに風味が口の中に広がるので、黒コショウの存在感が増します。

粒のサイズ

ホール
原形のままの状態。香りが飛びづらく煮込み料理などに向いている。

粗挽き
ホールを粗めに粉砕したもの。噛んだときに風味が広がる。

パウダー
ホールを細かく粉砕したもの。香りが立ちやすく料理となじみやすい。

No.5 塩

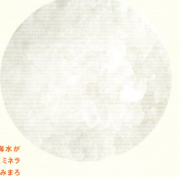

長い年月をかけて海水が結晶化した岩塩は、ミネラル成分を豊富に含みまろやかな味になる。

　全体の味を整えるときや、パスタをゆでるときに使う塩。特にパスタのゆで汁に入れる塩はパスタに塩味をつけるだけではなく、パスタの吸水量を抑えて麺を引き締める役割もあるため、コシのあるアルデンテに仕上げるためには欠かせません。パスタをゆでるときの塩分濃度はそれぞれのシェフによりますが、水1Lに対して10g（小さじ2）の1％から、15g（大さじ1）の1.5％くらいが一般的です。カルボナーラはパンチェッタやチーズなどの塩気の多い加工肉やチーズを使うため、これらを加味して塩分量を決めるのもポイントです。

塩の種類

　塩は大きく分けて精製塩と天然塩に分けられます。精製塩は、電気分解を中心とした化学的製法で作られており、安価で手に入りやすい塩です。天然塩は、海水を自然乾燥させた海塩、海水が蒸発して結晶化したものを採掘した岩塩が一般的です。海塩はミネラル分を多く含み塩味がやわらかく、岩塩はうま味が強い特徴があります。

塩の使い方について

　パスタをゆでる際に使う塩は、パスタの下味の意味もあるので、こだわって岩塩や海塩などを選ぶシェフは多いです。また、ゆでる際は精製塩を使って、全体の味を整えたり仕上げのときだけ天然塩を使うシェフもいます。
　ただ、塩分濃度はあくまで目安なので、味見を必ずして自分の舌で判断するのがベストとされています。

No.6 パスタ

ロングパスタ（左）とショートパスタ（右）。どちらもソースが絡みやすいブロンズダイス。

パスタは小麦粉（特にデュラム小麦）と水で練られた麺類の総称で500種類以上あると言われており、大きく分けてスパゲッティなどのロングパスタとマカロニやペンネなどのショートパスタがあります。カルボナーラではショートパスタ、ロングパスタの両方が使われ、自家製の生麺を使用している店もあります。濃い卵液のソースとパスタを合わせる間にも火が通っていくため、ショートでもロングでもゆで時間からソースに絡めて仕上げるまでにベストな硬さになるよう計算してゆで、必ず味見をして硬さを確かめるのがポイントです。

カルボナーラに向いているパスタ

料理名にあるように濃厚な卵ソースのカルボナーラには「スパゲッティ」という1.8〜2.0mmの太麺タイプのロングパスタが合うとされています。ただ、本場ローマでは濃厚なソースにはショートパスタを合わせることも多く、カルボナーラをショートパスタで出すお店もたくさんあります。どの太さのパスタを選ぶかは好み次第です。

ブロンズダイスとテフロンダイス

パスタには2種類の製法があります。ブロンズダイスは、青銅製の型を用いる製法で麺の表面がざらざらしているため、ソースが絡みやすいという特徴があります。テフロンダイスは、テフロン加工の型を用いる製法で、麺の表面がつるりとなめらかなのが特徴。あっさりとした軽めのソースに向いています。とろみのある濃厚なソースが特徴のカルボナーラにはブロンズダイスのほうが向いていると言われますが、あっさりと食べたいときや好みによって、テフロンダイスを選ぶこともあります。

ロングパスタの種類

カッペリーニ
1〜1.3mmの極細いパスタで、イタリアの言葉で「髪の毛」を意味する「capelli（カペッリ）」が名前の由来。冷製パスタによく使われる。

フェデリーニ
1.4〜1.5mmの細いパスタ。「糸」「薄い」という意味の言葉が由来で、冷製パスタやあっさりとしたオイルパスタなどに向いている。

スパゲッティーニ
1.6〜1.7mmのパスタで、一般的に流通している中で最もポピュラーなパスタ。いろいろなパスタ料理に使われることが多い。

スパゲッティ
1.8〜2.0mmで、食べ応えのある太さが特徴的。イタリアでよく食べられている代表的なパスタ。

スパゲットーニ
2.1〜2.2mmの太めのパスタで、もちもちとした食感が楽しめる。濃厚なクリームやチーズのソースと合わせることが多い。

ショートパスタの種類

マッケローニ
日本では「マカロニ」と呼ばれている円筒状のパスタで、サラダやグラタンに使われることも多い。

ペンネ
パスタの両端をペン先のように斜めにカットした円筒状のパスタ。表面に筋が入ったものは「ペンネ・リガーテ」と呼ばれている。

フジッリ
らせん状の形をしたパスタ。表面積が広く、溝にソースが絡みやすい形状をしている。

ファルファッレ
蝶を意味する「farfalla（ファルファッラ）」が語源のかわいい形をしたパスタ。中心部は厚く、外側は薄いという異なる食感が楽しめる。

リガトーニ
線を引くを意味する「rigate（リガーテ）」が語源の円筒状のパスタ。その名の通り表面に縦筋が入っていて、表面にも筒の中にもソースが絡む。

Chef Profile

俺カルボ
18名のシェフ紹介

究極の「俺のカルボナーラ」を披露してくれた18名のシェフたち。
イタリア料理界だけではなく、アジア料理、フレンチ界からも参戦！
日々料理に真摯に向き合う情熱溢れるシェフたちをご紹介します。

片岡 護
Mamoru Kataoka

店舗HP　https://www.alporto.jp
YouTube　@YouTubeCooking-bl7ix

イタリア料理協会会長。1968年に日本領事館付き料理人としてイタリア・ミラノに渡る。約5年間のイタリア生活で食べ歩きをし、ミラノにある「アルポルト」という店に出会い、仕事の合間に研修に行く。日本に帰国後は「小川軒」で修業、「マリーエ」でシェフを務め、1983年に東京・西麻布に「リストランテ　アルポルト」をオープン。

山田宏巳
Hiromi Yamada

店舗HP　https://omakase.in/r/rp424507
　　　　（予約専門）
Instagram　@hiroinfinito
X　　　　　@infinitohiro

新潟市のイタリア軒、新宿高野、虎の門ハングリータイガー等に勤務。1980年ビザビ（東京・青山）の総料理長に就任。1982年イタリアへ留学し、2年後に帰国。1994年フジテレビの番組『料理の鉄人』に登場し、キャベツ対決で勝利。2000年には沖縄サミットにてイタリア国・アマート首相のプライベート料理を担当。2020年に東京・赤坂に「インフィニートヒロ」をオープン。

原 宏治
Kouji Hara

店舗HP　https://www.alponte.jp

20歳で料理の世界に入り、フランス料理を学ぶ。その後、25歳でイタリアへ訪学した際にはじめてイタリア料理に出会い、特にローマで食べたパスタに感激してイタリア料理に転向。帰国後、九段「ラ・コロンバ」、西麻布「アルポルト」のセコンドシェフを務め、再度イタリアへ渡り、イタリアの郷土料理を多くのシェフから学ぶ。帰国後の1990年9月、日本橋浜町「アル・ポンテ」オープン。2013年9月、トルナーレ日本橋浜町に移転、現在に至る。

日髙良実
Yoshimi Hidaka

店舗HP　　　https://acqua-pazza.jp
YouTube　　@acquapazza4863
Instagram　@acquapazza_aoyama
Facebook　 @acquapazza.co.jp

日本調理師専門学校卒業後、フランス料理店に入店。その後、イタリアンレストランを経て、銀座の「リストランテ　ハナダ」へ。イタリアンの魅力にひかれて1986年にイタリアに渡り、名店「エノテカ・ピンキオーリ」を皮切りに、各地の郷土料理を学ぶため14店舗で修業。帰国後、「リストランテ山崎」を経て、東京・青南山に「リストランテ アクアパッツァ」をオープン。

山根大助
Daisuke Yamane

店舗HP　　　https://ponte-vecchio.co.jp
YouTube　　@ポンテベッキオ山根大助の全力
Instagram　@yamanedaisukepontevecchio
Facebook　 @daisuke.yamane.56

大阪あべの辻調理師専門学校を卒業。1984年にイタリアに渡り、ミラノ「グアルティエロ・マルケージ」をはじめ各地で修業を積む。1986年に帰国後、大阪本町橋に「リストランテ ポンテベッキオ」をオープン。1999年にイタリアで権威のあるレストランガイドブック「ガンベロロッソ」誌において、日本のイタリアンレストランの中で最高点の評価（84点）を獲得。2004年イタリア政府よりカヴァリエーレ章を叙勲。

濱﨑龍一
Ryuichi Hamasaki

店舗HP　　　https://ristorantehamasaki.com

大阪の日本調理師専門学校卒業後、すぐにイタリア料理の道へ。東京のイタリア料理店で修業後、イタリアへ渡りフィレンツェ、ロンバルディア州「ダル・ペスカトーレ」などで修業を積む。帰国後、東京・乃木坂の「リストランテ山崎」に入店。93年よりシェフを務める。2001年オーナーシェフとして東京・南青山に「リストランテ濱﨑」をオープン。

鈴木弥平
Yahei Suzuki

店舗HP　　　https://ga2k200.gorp.jp
YouTube　　@heichanogawanaii5768
Instagram　@piattosuzuki_

19歳で「ラ・パタータ」でイタリア料理の道へ。平田勝シェフに師事し、平田氏独立に際して「クッチーナヒラタ」へ。1992年ICIFの第一期生として1年間イタリアに留学し、トリノを中心に各地のリストランテで修業を積む。帰国後の1993年「ヴィーノヒラタ」のシェフに就任。2002年に独立して「ピアットスズキ」をオープン。14年連続ミシュラン1つ星を獲得するイタリアンの名店。

小川洋行
Hiroyuki Ogawa

店舗HP　　　https://ristorante-ogawa.com
YouTube　　@heichanogawanaii5768
Instagram　@1969ogawa
Facebook　 @hiroyuki.ogawa.7739

埼玉県・大宮の「リストランテ・ベネチア」でイタリア料理の世界へ入り、約7年間修業。東京・笹塚に「サルサズッカ」をオープン、約4年間シェフを務める。その後イタリアに渡り、ミラノ5つ星ホテル「Hotel principe di savoia」などで修業。帰国後の2008年「リストランテ・ベネチア」のシェフに就任し、2013年10月「Ristorante Ogawa」をオープン。

奥田政行
Masayuki Okuda

店舗HP　https://www.alchecciano.com

高校卒業後に上京し、イタリア料理、フランス料理、純フランス菓子、イタリアンジェラートを修業。山形県に帰郷後に2つの店で料理長を歴任し、2000年に「アル・ケッチァーノ」を開業。料理のモットーは「ソースをなるべく使わない」こと。お客様に生命力にあふれた庄内の食材を、最短距離で召し上がっていただくため独自の調理法を生み出している。近著にパスタ本『ゆで論』（ラクア書店）がある。

秋田和則
Kazunori Akita

店舗HP　https://www.ristoranteakita.com
Instagram　@ristorante_akita_

銀座の名店「サバティーニ ディ フィレンツェ」で研鑽を積み27歳で渡伊。ミシュランの星を20年以上維持する「アッレ・エノテカ」で修業。帰国後、齊藤実シェフの「クローチェ・エ・デリツィア」でスーシェフに。青山を本店とする「カシータ」では後に取締役総料理長に就任。12年勤務の後、奥田政行シェフと出会い、2019年の春「オール・ケッチァーノ」統括料理長に就任。2024年の春に南青山に「RISTORANTE AKITA」をオープン。

桝谷周一郎
Shuichiro Masuya

店舗HP　https://www.osteria-lucca.com
YouTube　@user-fp3kr9um6b
Instagram　@shuichiromasuya
　　　　　@osteria_luccah4

16歳から料理の道に入り、フランス料理「日本青年館・東洋軒」「トリアノン」で修業後、東京都内のイタリア料理店に入店。様々な店で経験を重ね、1994年から約3年間、北京のイタリア料理店でシェフとして腕を磨く。帰国後、都内有名店で修業を経て1998年、25歳で代官山に「オステリア ルッカ」をオープン。Youtubeチャンネル「桝谷のSimple is best」で家庭でも簡単に作れる料理を発信中。

直井一寛
Kazuhiro Naoi

店舗HP　https://701ochanomizu.jp
Instagram　@701.ochanomizu

大阪あべの辻調理技術研究所を卒業後、「レストランCHIANTI」に入社。約10年間、飯倉本店、西麻布店、六本木店などで修業。神谷町の「La tana di Bacco」にて11年間シェフを務める。2018年に「アクアパッツァ」に入社。季節ごとのおいしい旬の食材をおいしい形で提供するをコンセプトに、2023年7月に御茶ノ水にオーナーシェフとして「701」をオープン。

神保佳永
Yoshinaga Jinbo

店舗HP　https://jinbo-ma.jp
Instagram　@yoshinaga.jinbo

高校卒業後、エコールキュリネール国立フランス料理専門カレッジにて料理を学び20歳でフランスに渡り、フランス、イタリアで約2年修業を積む。帰国後はレストランやホテルのシェフを歴任し、2010年に東京・南青山にイタリアンレストラン「HATAKE AOYAMA」をオープン。野菜を多く使う料理が特徴で「野菜の魔術師」と呼ばれる。2022年に「JINBO MINAMI AOYAMA」をオープン。

Chef Ropia
シェフロピア

店舗HP	https://www.ristorante-floria.com
YouTube	@ChefRopia
Instagram	@chef_ropia
X	@ropia515

本名：小林諭史。高校卒業後、地元長野市のイタリアンでキャリアをスタート。2013年、叔父の誘いを受けて独立、「リストランテ フローリア」をオープン。2014年YouTubeをスタートし、コロナ禍中にイタリアンの巨匠のシェフたちとのコラボレーションでも注目を集める。2023年5月に移転のため「リストランテ フローリア」を閉店し、2023年8月、東京・渋谷に「ポンテカルボ」をオープン。

弓削啓太
Keita Yuge

店舗HP	https://www.salone2007.com
YouTube	@yugetube2020
Instagram	@salone2007yokohama
X	@YugeTube
Facebook	@keita.yuge

東京・京橋の老舗フレンチで下積みを経た後、フランスに渡りパリの3つ星レストラン「ギ・サヴォワ」で修業。帰国後、サローネグループに入社してフレンチからイタリアンの世界へ。横浜「サローネ2007」の料理長を務め、2019年10月にパリで開催された、イタリア最大手のパスタメーカー「バリラ」が主催する国際パスタ競技大会である「パスタ・ワールド・チャンピオンシップ」にて見事優勝。パスタの世界一位に輝く。

Pastaクオーレ
Pasta Cuore

店舗HP	https://www.risicare1106.com/
Instagram	@pasta_cuore_aichi
Youtube	@pasta_cuore
Tik Tok	@pasta_cuore

本名：岡田健吾。高校卒業後、父の背中に憧れて兄弟で飲食業の世界へ進む。2008年に兄とともに「Pasta クオーレ」を開業。2021年に始めたショート動画で、営業風景、レシピ、道具紹介などのコンテンツを発信。SNS総フォロワー60万人超。料理人視点のオリジナル調理器具やスパイスを開発し、自社オンラインストアにて販売。「飲食店の新たな在り方」をコンセプトに日本、海外に向けて活動を展開している。

大西哲也
Tetsuya Onishi

HP	cococoro.net
YouTube	@COCOCORO
TikTok	@cococoro_ch
Instagram	@bbq0024
X	@bbq0024

自動車整備士や添乗員など様々な職業経験を経て、独学で学んでいた料理で起業。YouTube「COCOCOROチャンネル」にて、料理とエンターテインメントを届ける活動を続けている。ジャンルにとらわれず、世界中の料理を専門店レベルにするための科学的視点を取り入れたわかりやすい調理法に定評がある。調理器具の開発やテレビやWebメディアにも多数出演。

吉田 能（George）
Takashi Yoshida

HP	https://cirpas.tokyo
YouTube	@GeorgeLABO
Instagram	@george_cuisine
X	@johjiro

服部栄養専門学校を卒業後、都内ホテルのレストランに就職。その後フランスへ渡り、パリのミシュラン1つ星レストランにて修業。帰国後は都内有名店で経験を積み、パリで修業したレストランの日本店副料理長として新規開業を担い、ミシュラン2つ星を獲得。料理長就任後、さらに同グループの統括料理長に。退社後はYoutubeチャンネルを開設。2022年11月より白金台のレストラン「CIRPAS」でシェフとして腕を奮っている。

Pasta alla carbonara 01

絶妙な火加減と塩加減の
口当たりなめらかなカルボナーラ

Chef Kataoka
片岡 護

ingredients

材料 1人前

ベーコン	60g
パルミジャーノ・レッジャーノ	30g
卵黄	1個
全卵	1個
水	3L
塩	30g
パスタ	90g
EXVオリーブオイル	10ml
生クリーム	30ml
白ワイン	30ml
黒コショウ	適量
ニンニク	1片

Pasta
DE CECCO

少し太めの1.6mmのスパゲッティーニを使用。
ソースと絡みやすいブロンズダイス製法。

How to Cook

ベーコンの切り方 / 短冊切り

1
ベーコンは大きめの短冊切りに

ベーコンは脂身が多いものを使い、大きめの短冊切りにする。

2
ニンニクは香りづけとして使用

ニンニク1片を縦に半分に切り、包丁の腹で香りが出やすいようにつぶす。

3
最初は中火でその後は弱火でじっくり

EXVオリーブオイルを入れたフライパンに、つぶしたニンニクを入れて最初は中火にかける。

How to Cook

4

ベーコンのオイルを
じっくりと引き出す

弱火にしてフライパンにベーコンを入れ、中のオイルがしみ出てくるようにじっくりと火を通す。

5

ベーコンは脂身が
くびれたらOK

オイルに香りが移ったらニンニクを取り出し、ベーコンは表面がカリッとして脂身のところがくびれてくるまで炒める。

6

白ワインを入れて
アルコールを飛ばす

フライパンに白ワインを入れてフランベし、アルコールと酸味を飛ばしたらいったん火を止める。

お湯の塩分濃度
1%

7

お湯の塩分濃度は
少し控えめに

チーズやベーコンなどに塩分が含まれるため、パスタをゆでるお湯の塩分濃度は少し控えめにして、足りなければ後で調整する。

パスタのゆで時間
メーカー推奨
9min
Kataoka
6min 30sec

8

ソースの熱も計算して
かなり硬めにゆでる

パスタは粘度のあるソースの熱でも火が通っていくため、標準ゆで時間よりもかなり早めに上げる。

How to Cook

俺ポ
リストランテの手法として、卵黄とトリュフを一緒にパックしておき、トリュフの香りづけをして使用している。

9
カルボナーラソースの元を
ボウルで作っておく

ボウルに卵黄を入れて軽く混ぜ、生クリームとパルミジャーノを加える。

10
黒コショウは
ミルで挽き立てのものを

ボウルにミルで挽いた黒コショウを振り入れ、泡立て器でよく混ぜる。

11
ゆで汁を入れて
オイルソースをのばす

フライパンに再び火を点け、ゆで汁を30mlほど入れてオイルソースをのばす。

12
硬めにゆでたパスタを
うま味オイルに和える

うま味が詰まったオイルソースの中に、ゆでたパスタを入れて軽く炒める。

13
火を止めてから
卵液を加える

火が点いた状態だと卵がすぐに固まってしまうので、火を止めてから卵液を入れます。

How to Cook

俺ポ
卵の生っぽさをなくすためには、低温でしっかりと炒めることが大事。

14
水分を飛ばすように弱火にかける

フライパンに火を点け弱火にし、ソースが絡むように炒める。水分を飛ばすように炒めるのがコツ。

15
ソースの水分が飛んだら仕上げの味つけ

パスタにソースがよく絡んだら火を止め、パルミジャーノを入れて混ぜる。

16
最後にもう一度火をかけて余分な水分を飛ばす

塩加減が足りなければここで足し、ずっしりとしたソースにするために最後に弱火にかけて余分な水分を飛ばします。

17
パスタの上にベーコンを盛る

パスタを先に盛って、その上にベーコンをのせると美しくなる。

fin
最後にチーズと黒コショウを振る

最後にパルミジャーノ、黒コショウを振りかけて完成。

スモークサーモンと白トリュフのカルボナーラ

材料　1人前

スモークサーモン	60g
アスパラガス	2本
アサツキ	適量
白トリュフ	0.8~1g
ベーコン	60g
パルミジャーノ・レッジャーノ	30g
卵黄	2個
水	3L
塩	30g
パスタ	90g
バター	6g
生クリーム	30ml
白ワイン	30ml
黒コショウ	適量
ピンクペッパー	適量
ニンニク	1/2片

1
卵黄をボウルに入れて泡立て器で混ぜ、パルミジャーノ、黒コショウを加えてさらによく混ぜる。

2
フライパンにバターを入れて弱火で熱する。

3
フライパンにブロック状のスモークサーモンを入れ、菜箸で身をほぐしながらさっと炒める。

How to Cook

4 フライパンに白ワインを入れてフランベし、アルコールが飛んだら火を止める。

5 小口切りにしたアサツキをフライパンに加える。

6 パスタをゆで始め、パスタがゆで上がる2分前に千切りにしたアスパラガスを入れて一緒にゆでる。

7 フライパンに再び火を点けて、ゆで上がったパスタとアスパラガスを一緒に炒める。

8 フライパンを火から下ろして、1の卵液を入れる。

9 フライパンを弱火にかけ、生クリームを入れてさらによく和える。

10 ソースがとろっとするまで混ぜ合わせたら、火を止める。

11 パルミジャーノを加えて混ぜる。

fin パスタを皿に盛り付け、白トリュフ、ピンクペッパー、アサツキを振りかけて完成。

俺ポ
アスパラガスは千切りにすることでパスタと絡みやすくする。白トリュフはマッシュルームやポルチーニでも代用可能。

Interview

いまのカルボナーラは限りなく自由。
サフランを入れるミラノのように好きに作ればいい

　僕がカルボナーラを初めて食べたのはお世話になった外交官の家だったと思います。もう60年以上も前のことです。ミラノから帰国した頃の日本は、カルボナーラの材料なんて何もなかったですよ。パルミジャーノのようなチーズも、パンチェタも。だから、当時僕が作っていたのは本当のカルボナーラじゃありませんでした。材料が限られる中で、どうやって本場のものに近づけるかを試行錯誤する時代でしたね。いまはチーズはよいものがあるし、グアンチャーレだって手に入る。卵なんて日本のほうがおいしいですよね。なので本場のカルボナーラは再現しやすいです。ただイタリア式で完全再現しようとして作ると塩辛くなったりしますよ。イタリア人はあまり塩分を気にしないし、ワインをガバガバ飲みながら食べたりしますからね。それがおいしいんでしょうけれど（笑）。

　日本に帰ってきてカルボナーラを再現しようとしたときは、材料がなかったからチーズを乾燥させたり、ベーコンを使ったり、卵は卵黄だけにしたり、いろいろ試しました。卵黄をボウルに入れて、チーズを入れて、ちょっと牛乳や生クリームなどの水分を入れると固まるのを防ぐことができることにも気づきました。

　僕が修業をしたミラノにも実はカルボナーラがあって、ローマのカルボナーラと基本的に材料は同じだけど香りが違う。なぜかと言えば、サフランが入るんですよ。サフランを入れて、さらに生クリームを加えて作ってた。ビックリしましたね。ローマで食べたものとは違うから。僕はミラノにいたから、やっぱりちょっと生クリーム入れちゃうんだよね（笑）。でも、僕のカルボナーラのベースとなっているのはローマのボッターロという店。おばあちゃんが一人で作っていて、研修に入りました。その店ではカルボナーラの注文がすごく多く出てたんですよ。そこは卵黄1個と全卵1個をかき回して、その中にペコリーノとパルミジャーノを半々に入れてさらにかき回しておいて、それをバーって合わせる。そうすると全卵が入るからすぐ火が入るんだけど、ちょっと柔らかいわけ。だからとろみがつく。

　カルボナーラって本当は家庭的な料理なんですよ。だからイタリアのレストランでも食べますけど、よく「マンマの味」って紹介されている。「マンマの味」というのは、つまり家庭の味みたいなことですね。カルボナーラは、家庭的なパスタの一種だと僕は考えています。

　カルボナーラに使うパスタは太めのロングパスタかショートパスタに限る。そのほうがカルボナーラには合います。また僕は昔からグアンチャーレやパンチェタでもなく、ベーコンを使っています。どうしてもパンチェタを使わないといけないときは、使う量をベーコンよりもずっと減らします。塩漬けのパンチェタは塩分がきついから、どうしても塩辛いパスタになってしまう。味はパンチェタのほうがうま味が出てガツンとくるけど、うまいベーコンも日本にはたくさんありますからね。

　カルボナーラは自由なんですよ、いまは。昔は決まりがあったけど、いまはそのときの気分でいろいろ変えればいいと思っています。

Tool

a. 包丁はヘンケルス製　b. 泡立て器　c. トリュフスライサー

Pasta alla carbonara 02

湯煎でやさしく仕上げる肉の食感が楽しめるカルボナーラ

Chef Yamada
山田宏巳

ingredients

材料 1人前

グアンチャーレ	50g
パルミジャーノ・レッジャーノ	50g
卵黄	1個
全卵	1個
水	2L
塩	25g
パスタ	100g
EXVオリーブオイル	20ml
黒コショウ	適量
スッポンの卵	100g
ニンニク	1片

スッポンの卵。新鮮で臭みのない、生まれる前の状態のもの。

Pasta
MANCINI

マルケ州産の小麦だけを使用し、ブロンズダイスを使用した超太麺タイプの2.4mmを使用。

How to Cook

グアンチャーレの切り方
短冊切り

1

グアンチャーレを
オーブンでじっくり焼く

グアンチャーレを鉄のフライパンに入れ、100度に設定したオーブンで約1時間じっくりと焼き上げます。低温でじっくりと火を通すのがポイントです。

2

香りが出やすいように
ニンニクをつぶす

ニンニクは半分に縦切りし、香りが出やすいように包丁の腹でつぶす。

3

うま味が出たオイルを
小鍋に移す

グアンチャーレから出たオイルを小鍋に移す。

How to Cook

> **俺ポ**
> ニンニクはあくまでも香りづけで使うため、そのまま具材としては使わない。

4
ニンニクは香りが出たら取り出しておく

3のオイルに**2**のニンニクを入れて弱火で炒め、香りが出たらニンニクを取り出す。

グアンチャーレの切り方
薄切り

5
脂身の多いところを薄切りで使う

新たにグアンチャーレの脂身の多い部分を薄切りにする。

6
グアンチャーレを弱火で炒める

4のオイルに薄切りにしたグアンチャーレを入れて弱火で炒める。薄切りのため、すぐに中のオイルがしみ出てくる。

7
カルボナーラソースを準備しておく

卵黄と全卵をボウルに入れよく混ぜる。これがカルボナーラの元となる。

8
削り立てのパルミジャーノを加える

チーズグレーターを使って、パルミジャーノを削りながら加える。

How to Cook

9
ホールのコショウを
鍋底を使ってつぶす

黒コショウは噛んだときの食感を残したいので、鍋底を使って粗めにつぶしたものを使います。特別な道具は不要！

10
スッポンの卵を
加える

ここで滋養食材のスッポンの卵を入れたが、特に味には関係しないため、通常は入れずにこのまま作る。

お湯の塩分濃度

1%

11
しっかりと塩味がつく
塩分濃度でゆでる

パスタはしっかりと塩味がつくように、塩分濃度は1%でゆでる。

パスタのゆで時間

メーカー推奨
15〜17min

Yamada
17min

12
ゆで時間は
標準範囲内に

太麺タイプのパスタは、メーカー推奨の時間でゆでる。

13
ゆで上がったパスタを
うま味オイルで炒める

ニンニクの風味とグアンチャーレのうま味が出たオイルに、ゆで上がったパスタを入れて和える。

How to Cook

14
卵液を
湯煎で温める

ボウルに入った**10**の卵液を湯煎で温めておく。

15
炒めたパスタを
ボウルで仕上げる

炒めたパスタをボウルに入れ、湯煎したままトングを使ってソースを素早く混ぜ合わせる。

俺ポ
湯煎というとゆっくり火が通るイメージがあるが、火にかけるよりも熱が伝わる面積が広いため注意が必要。

16
湯煎でも油断大敵
温めすぎに注意

ボウルの中の温度が高くなったら、湯煎から外して少し温度を下げながらパスタと絡める。

17
ソースの粘度を高めて
パスタとよく絡ませる

卵液のとろみが強くなってパスタによく絡んだら、ボウルを湯煎から外して皿に盛り付ける。

18
香り豊かな
黒コショウで仕上げ

1のグアンチャーレをパスタの上に盛り、つぶした黒コショウを振りかけて完成。

Arrange
トマトカルボナーラのカプチーノ風

材料 1人前

ダッテリーニトマト（缶詰）	50g
グアンチャーレ	50g
パルミジャーノ・レッジャーノ	50g
全卵	1個
水	2L
塩	25g
パスタ	100g
黒コショウ	適量
ニンニク	1片

Pasta
DE CECCO

平たい麺でソースが絡みやすい1.45〜1.6mmを使用。

1 パスタを先にゆで始める。メーカー推奨の10分でゆでる。

2 ニンニクを包丁の腹でつぶし、グアンチャーレを細めの短冊切りにする。

3 2をフライパンに入れ、弱火でグアンチャーレからのオイルを引き出しながら炒める。

How to Cook

4
グアンチャーレからオイルが出て、ニンニクがうっすらとキツネ色になるまで炒める。炒めすぎないのがポイント。

10
炒めたトマトソースのパスタを**7**のホイップした卵ソースの中に入れる。

5
4の小鍋に缶詰のトマトを入れて少し煮詰める。

11
パルミジャーノを削りながら加え、全体を混ぜ合わせる。

6
ボウルに入れた全卵を湯煎にかけながら、泡立て器を使ってホイップするように混ぜる。

fin
器に盛り付けて、小鍋の底でつぶした黒コショウを振りかけて完成。

7
ボウルが熱くなりすぎないように時々湯煎から外し、温度を下げてからまた湯煎にかけ、混ぜるを繰り返す。

俺ポ
卵ソースは泡立つように混ぜるとカプチーノの泡のようになめらかになります。

8
トマトソースが煮詰まってきたら、スプーンでトマトを軽くつぶす。

9
ゆで上がったパスタをトマトソースの中に入れて軽く混ぜ合わせる。

Interview

生クリームは絶対に入れない。
湯煎でゆっくりと作ればきれいなクリーム状になるから

　カルボナーラは僕が最初にイタリアで覚えた料理です。ローマの下町にある小さな店で働かせてもらったときですね。おじいさん2人がやってるようなところで、言葉も喋れない僕をかわいがってくれました。その店のカルボナーラが本当においしかったんです。湯煎で仕上げるのもそこで覚えましたし、いまでもあのときに食べたカルボナーラを目指して作っています。

　太めの麺で、卵がしっかりと絡んでて。生クリームは絶対に入れません。湯煎で作るカルボナーラって、クリームを入れなくてもきれいにクリーム状になるんですよ。湯煎だと温度が下がると思われるかもしれませんが、そもそもイタリアではパスタはそんなに熱い料理じゃないという考えがあって、ぬるくても構わないんです。日本人は熱々が好きなので、できるだけ熱いものを目指しますが、その熱々の温度帯でカルボナーラを仕上げるのは結構難しいですよ。湯煎でも慣れないと卵がグチャグチャになったり、固まったり。卵って本当に温度が1度、2度違うだけで全然違うものができちゃう。何回も作らないと感覚はつかめないと思います。でも、やっていくうちに自分の好きな形ができてくる。少し固めがいいとか、柔らかいほうがいいとか。とにかく僕は生クリームは入れず、卵とグアンチャーレ、チーズ、コショウだけで作るカルボナーラが一番いいと信じますけどね。

　パスタに関しては、カルボナーラは濃厚なので太いほうが合います。細いパスタだとソースだけ口に残る感じになってしまうんですよね。パスタもソースと同じように口の中での滞在時間が長いほうがバランスがいい。

　コショウは挽くより砕く。コショウは噛んで初めて辛味が出てアクセントになるので、できるだけ粗いほうがいいんです。そのちょっとしたアクセントによって単調なものの中に多層性が生まれる。だから飽きないものになります。チーズはたっぷり入れましょう。イタリアのおばあちゃんが作っているようなカルボナーラは山盛りにチーズを入れます。そんなに入れなくてもいいのに、と思うんですが、それがおいしいんですよ。

　グアンチャーレは脂身が多い部分を選んでいるので、オリーブオイルは必要ありません。そして今回はニンニクを使っています。具材としては使いませんが、香りづけと味に深みを出すために入れています。

　基本のカルボナーラにスッポンの卵を入れたけど、あれはサービスです（笑）。店でも新鮮なものが手に入ったときにしか出しませんが、たまたま取材のタイミングで手に入って、みんな疲れてると思うから滋養強壮になればと思って。新鮮なスッポンって臭いもなくて、カルボナーラに入れても変な主張はしないから今回は特別に入れてみました。

　アレンジで紹介した卵とトマトって、本当によく合う。中華料理でもこの組み合わせはありますが、僕は好きなのでよく頼みます。アレンジの卵の使い方はお菓子を作る工程に似ていて、カプチーノ風に泡立つくらい混ぜています。新人の子にやらせると音をあげるくらい混ぜなくちゃいけないから（笑）、ミキサーを使っても電動の泡立て器を使っても大丈夫です。

Tool

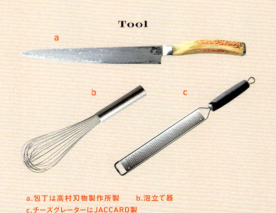

a.包丁は高村刃物製作所製　b.泡立て器
c.チーズグレーターはJACCARD製

Pasta alla carbonara 03

自家製パンチェッタのうま味が包む
口当たりしっとりのカルボナーラ

Chef Hara
原 宏治

ingredients

材料 1人前

パンチェッタ	30g
ペコリーノ・ロマーノ	25g
卵黄	3個
水	2L
塩	15g
パスタ	100g
EXVオリーブオイル	5ml
黒コショウ	適量
ニンニク	1/2片

Pasta
DE CECCO

ディ・チェコのスパゲッティは1.9mmと太めのタイプ。重めのソースとの相性がよい。

自家製パンチェッタ。豚バラ肉に5％の塩をして「ピチット」という脱水シートを巻き、2日おきに巻き直して2週間ほど熟成させたもの。なるべく手で触れないようにするのがポイント。

How to Cook

1 パンチェッタを短冊状に切る

パンチェッタの切り方: **短冊切り**

できれば自家製でパンチェッタを作って、ちょうどいい脂身の部分を選んで使うのがおすすめです。

2 控えめな塩分濃度にする

お湯の塩分濃度: **0.75%**

後ほどパンチェッタで塩味が足されるため、塩分濃度は0.75％と控えめに。塩は岩塩と海塩を合わせたものを使用。

3 ゆで時間は少し早いくらいが目安

パスタのゆで時間
メーカー推奨 **12min**
Hara **11min**

ゆでムラが出ることがあるので、11分くらいでゆで上がり具合を確認する。

How to Cook

4

ニンニクを
包丁でつぶす

皮をむいて芽を取り除いたニンニクを包丁の腹でつぶす。

5

オリーブオイルに
ニンニクを加え炒める

弱火でじっくりとニンニクの風味をオイルに移す。

6

ボウルに卵黄と
チーズを入れて混ぜる

ボウルに卵黄を入れ、削ったペコリーノ・ロマーノを加えて、泡立て器でしっかり混ぜる。

7

パンチェッタを
じっくり炒める

弱火でゆっくりとパンチェッタのオイルを出すように炒める。

8

パンチェッタを
いったん取り出す

カリっと仕上がったパンチェッタを取り出しておく。

> **俺ポ**
> 黒コショウは少々粗めの粒子とパウダー状の粒子が混ざった「グラインド」と、ホールを粗く砕いたものを使い分ける。

9
卵液にパンチェッタのオイルを加える

パンチェッタのオイルを少し残して卵液に入れ、塩と黒コショウ（グラインド）を少々、水を7.5ml（分量外）入れて混ぜる。

10
パンチェッタを半分フライパンに戻す

取り出したパンチェッタを、フライパンに半分戻す。

11
フライパンにゆで汁を加える

パンチェッタを戻したフライパンに大さじ2杯ほどゆで汁を加えて出汁を取るように煮立たせ、うま味を出す。

12
ゆで上がったパスタをフライパンで炒める

フライパンのニンニクを取り出し、ゆで上がったパスタを入れて、オイルのうま味を吸わせるように炒める。

13
塩と黒コショウで味を整える

塩をほんの少し加え、好みの量の黒コショウを入れてパスタの味を整える。火を消して、フライパンの温度を少し下げる。

How to Cook

How to Cook

> **俺ポ**
> 卵黄に火が完全に入りすぎると重くなる。少し生のままくらいの意識で、余熱で火が入り、ギリギリチーズが溶けるくらいにする。

14
余熱で卵液と
パスタを混ぜる

フライパンに**6**の卵液を入れて、余熱を使ってヘラでよく混ぜる。

15
ボウルを湯煎して
温めながらさらに混ぜる

そのまま混ぜているとソースがゆるくなるため、ゆで汁の上にボウルを置き湯煎しながら混ぜる。

16
ゆるさが残る場合は
火にかける

必要であれば少しだけ火にかけて、ソースのゆるさを程よく引き締める。

17
皿に盛り付け
パンチェッタをのせる

取り出しておいた残りのパンチェッタをのせて、ペコリーノを削りおろす。

fin
粗くつぶした黒コショウで
アクセントを

肉たたき器でつぶしておいた黒コショウをまぶしたら完成。

Arrange
パリパリチーズとブロッコリーのカルボナーラ

Pasta
DE CECCO
蝶の形をしたサラダなどにも使える、ディ・チェコのファルファーレ。

1
ニンニクの皮をむき芽を取ってつぶす。

材料 1人前

ブロッコリー（ゆでたもの）	3房
チーズのテゴリーネ	3枚
パンチェッタ	25g
ペコリーノ・ロマーノ	10g
グラナパダーノ	15g
全卵（S）	1個
卵黄（M）	2個
水	3L
塩	30g
パスタ	100g
EXVオリーブオイル	2.5ml
黒コショウ	適量
ニンニク	1/2片

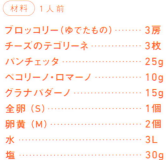

2
黒コショウを肉たたき器で粗くつぶす。

3
ゆで汁に入れる塩は約1％。

How to Cook

4
パスタをゆでる。メーカー推奨の11分よりも少し早めに上げる。

5
フライパンにニンニクとオリーブオイルを入れ、弱火で炒める。

6
粉状のペコリーノとグラナパダーノと全卵（S）、卵黄（M）をボウルに入れて混ぜる。

7
フライパンに角切りにしたパンチェッタを入れ、炒める。

8
カリッとしたところで半分取り出す。

9
フライパンにゆで汁を入れ、オイルとなじませる。

10
ゆで上がったパスタをフライパンに加えてオイルと合わせてうま味を吸わせる。

11
10のパスタをボウルに移して卵液と合わせ、ゆで汁の上で温めながら混ぜる。

fin
ブロッコリーを添えて、黒コショウを振りかけ、最後にチーズのテゴリーネを並べて完成。

俺ポ
チーズのテゴリーネは、フライパンの上にバターを薄く引いて粉状のチーズを散らして焼き、くるっとひっくり返せば簡単に作ることができます。

Interview

艶感のあるカルボナーラが
本物の味にたどり着くカギ

いまはYouTubeやSNSなどで世界中の情報が手に入る時代ですが、僕がイタリア料理の世界に入った頃はそういう情報はまったくなかったので、「本場のカルボナーラのように」と言われてもそれを再現するのは難しかったですね。

でも、僕なりにカルボナーラを極めていったときに、艶感がかなり大事なんだと気づきました。だけど油っぽいのもアウトなんです。艶感があるのに油っぽくない、塩気はあるけどしょっぱくない、この絶妙なバランスがカルボナーラの出来を左右するんです。卵の火入れやパンチェッタの炒め具合、チーズの量など、カルボナーラを作るうえでポイントはいくつもあります。何度も何度も作って、それぞれにちょうどいい塩梅を探っていくのが大切です。

アーリオ・オーリオ・ペペロンチーノは家庭料理なので、ちゃんとしたレストランでは出さない料理ですが、カルボナーラはイタリアのレストランで食べられる料理なので、イタリア人にもこだわりを持つ人が多いんです。

本場にこだわるなら豚の加工肉もグアンチャーレを使いたいところですが、僕は自分でパンチェッタを作っているので、その脂身の多いところをカルボナーラには使っています。パンチェッタの材料である豚バラ肉でも頭に近い部分とお尻に近い部分では脂の量が異なるので、料理によって使い分けています。カルボナーラは、このパンチェッタのオイルと卵、チーズで乳化してとろみやクリーミーさが出るので、お尻のほうの脂身の多いところが向いているんです。

カルボナーラのチーズはパルミジャーノ・レッジャーノを使う人も多いと思いますが、僕の作った基本のカルボナーラにはペコリーノ・ロマーノのほうが合います。最近、パルミジャーノは熟成の進んだものが多くて塩辛さや、苦さが際立ってしまうんです。もちろん、これに合った料理もあるのですが、基本的にカルボナーラにはしょっぱいけど羊のまろやかさが残るペコリーノのほうが、黒コショウの辛みとの相性もいいと思います。今回のアレンジのほうは全卵を使ったので、このふわっとした卵にはパルミジャーノが合ったりします。

カルボナーラのアクセントになる黒コショウは調理の途中では粗挽きとパウダーが混ざったものを使い、仕上げには食感の残る叩いてつぶしたものを使っています。これもポイントのひとつで、食材のちょっとした使い分けで、食べたときに感じる味わいが驚くほど変わってくるんです。

アレンジのカルボナーラに蝶の形をしたファルファッレを選んだのは、ちょっとした遊び心です。リガトーニにしようかなって思ったんですけど、それだと定番すぎると思いまして。ファルファッレは中心部と外側の食感が違うのも楽しいですし、見た目もかわいいですよね。お子さんに出したら、喜ばれると思います。お店ではお子さんにカルボナーラを出すときは、コショウを入れずに生クリームを入れて食べやすくします。カルボナーラは基本、黒コショウをきかせた大人のパスタ料理ですけど、親子で食べるようなときは臨機応変でそれぞれにおいしいと思ってもらえるものを作ります。

Tool

a.包丁は青木刃物製作所製　b.チーズグレーターはマイクロプレイン製
c.肉たたき器　d.泡立て器　e.手付ザル

Pasta alla carbonara 04

野菜のうま味を下支えにした奥深い味わいのカルボナーラ

Chef Hidaka
日髙良実

ingredients

材料 1人前

パンチェッタ	20g
パルミジャーノ・レッジャーノ	20g
卵黄	1個
水	2L
塩	20g
パスタ	90g
EXVオリーブオイル	少量
生クリーム	15ml
黒コショウ	適量
タマネギ	15g

タマネギのみじん切り。ソースのうま味として使うため、できるだけ細かく刻む。

Pasta
DE CECCO

太さ1.6mmのブロンズダイス製法のパスタ。濃厚なカルボナーラソースにもよく絡む。

How to Cook

パンチェッタの切り方
短冊切り

1
パンチェッタは薄い短冊切りに

パンチェッタは薄めの短冊切りにする。

2
冷めたフライパンに少量のオイルを垂らす

フライパンにパンチェッタを入れ、中のオイルを引き出しやすいように少量のEXVオリーブオイルを垂らす。

3
弱火でじっくりとパンチェッタを炒める

パンチェッタのオイルがしみ出て来るように弱火で炒め、脂身が透き通ってきたら火を止める。

How to Cook

お湯の塩分濃度
1%

4

塩分濃度は
調整しやすい1%

パスタをゆでる。ソースにゆで汁も使うため、塩分濃度は調整しやすい1%に。

パスタのゆで時間
メーカー推奨
9min
Hidaka
6min 30sec

5

パスタを
やや硬めにゆでる

後でソースのうま味を吸わせたいので、ゆで時間はペペロンチーノの場合よりも若干硬めにゆでます。

6

タマネギを入れて
うま味を深める

3のフライパンの火を弱火にし、みじん切りにしたタマネギを入れてパンチェッタと一緒に炒める。

7

硬めにゆでたパスタを
フライパンで炒める

ゆで上がったパスタをフライパンに入れ、パンチェッタとタマネギのうま味が出たオイルと和える。

8

ゆで汁を加えて
パスタに火を通す

7にゆで汁（約15~30ml）を加えることで、硬めにゆで上げたパスタと絡まりやすくする。

How to Cook

9
カルボナーラの元を準備する

卵黄の入った容器に生クリームを入れ、泡立て器でよく混ぜる。

10
粉状のチーズを一緒に混ぜる

チーズの味が強すぎないように、粉状のパルミジャーノを控えめに入れて混ぜる。

11
黒コショウをミルで挽いて加える

黒コショウは香りや辛みが立つように、ミルで挽きながら入れる。

12
火から下ろしゆで汁をさらに加える

卵液を加える前に、フライパンを火から下ろして温度を下げてからゆで汁を加える。

13
フライパンのパスタと卵液を合わせる

火から下ろしたままのフライパンに、卵液のソースを加える。

How to Cook

14

ソースとパスタを
ヘラで軽く混ぜる

ソースとパスタをそのまま火にかけずに軽く混ぜる。

15

ゆで汁効果で
なめらかなソースに

汁気がない場合、ゆで汁（約15ml）を加えることでソースがなめらかになり、フライパンの温度も上がる。

16

水分が多いことで
焦らず火入れできる

水分が多い状態で火にかけることで、卵の火入れがゆるやかになり扱いやすくなります。

17

トングでねじりながら
パスタを盛る

トングを使ってパスタをねじりながら、山状になるように盛り付ける。

fin

追いコショウを
ガツンときかせる

盛り付けたパスタの上に、香りが立つ黒コショウをミルで挽きながら振りかけてアクセントをつける。

Arrange
トマトとオレンジジュースのカルボナーラ

材料 1人前

スパム	45g
トマトジュース	150ml
オレンジジュース	50ml
タマネギ	30g
ミニトマト	30g
イタリアンパセリ	少々
パルミジャーノ・レッジャーノ	15g
卵黄	1個
水	2L
塩	20g
パスタ	90g
EXVオリーブオイル	少量
黒コショウ	適量

2 パスタをゆで始める。ゆで時間は基本と同様でやや硬めにゆで上げる。

3 少量のオリーブオイルをフライパンに入れ、スパムの表面に焼き色がつくまで炒める。

1 スパムを大きめのくし切りにしていく。

4 焼き色がついたスパムを取り出し、オイルの残ったフライパンにスライスしたタマネギを入れて炒める。

How to Cook

5 タマネギが少し透き通ってきたら、スパムをフライパンに戻す。

11 フライパンにゆで汁を15mlほど入れ、トマトソースをのばす。

6 フライパンにトマトジュースを入れる。

12 フライパンを火から下ろし、少し硬めにゆでたパスタを入れる。

7 半分に縦切りしたミニトマトを入れる。

13 フライパンに9の卵液を加える。

8 容器に卵黄を入れてオレンジジュースを加え、泡立て器を使ってよく混ぜる。

14 ソースにとろみがつくまで、弱火でじっくりと火を通しながらパスタを炒める。

9 パルミジャーノ、ミルで挽いた黒コショウを加えてさらに混ぜる。

fin パスタを皿に盛り付け、最後にイタリアンパセリをのせて完成。

10 7のフライパンに塩を加える。

俺ポ

トマトソース、オレンジジュースの液体が入るときに温度が下がるため、ゆで上がったパスタをソースに絡めるときはソースにとろみがつくまでじっくりと火を通す。

Interview

イタリア料理の世界に入るきっかけとなった
毎日食べても飽きないカルボナーラが原点

　イタリア料理のシェフになりたいなと思ったのはカルボナーラがきっかけなんですよね。神戸のDONNAALOIA（ドンナロイヤ）というお店でアルバイトをして、そこで毎日賄いを食べさせてもらったんですけれども、好きなパスタを選ぶことができたんで「お前、今日何食べたい？」「カルボナーラお願いします」という感じで2ヵ月ぐらい毎日食べました。最後のほうは自分で作らせてもらったりして、毎日食べて飽きない料理ってあるんだなと思ったのが最初ですね。それが頭の中にずっとあって、フランス料理の修業をしていたときも、やっぱり毎日食べて飽きないような着飾らないイタリア料理のほうが自分には向いているんじゃないのかなというふうに考えるようになりました。ですから、基本のカルボナーラは僕の原点ともいうべきものを作りました。

　基本のカルボナーラにタマネギを入れたり、生クリームを入れるのは邪道と思われるかもしれませんが、カルボナーラって野菜の甘みが入ると濃厚な卵ソースの味わいの中に軽さが出てとてもおいしくなるんですよ。

　本場ローマでもカルボナーラは食べ歩きしましたけれど、生クリームを使っていないこともあると思いますが、炒り卵状態で出てくるカルボナーラもあります。あちらでは日本ほど几帳面に卵の火加減を気にしていない印象ですね。カルボナーラのソースは生クリームを使ったほうがなめらかで扱いやすくなります。僕の基本のカルボナーラはゆで汁も使っているし、卵黄に生クリームの入った卵液は余熱でパスタに絡めていくので、卵が固まりにくくてクリーミーに仕上がります。

　パンチェッタをカットするサイズも、その日の気分でいいと思います。しっかりとお肉を感じたいときは大きめに切ればいいし、パスタをしっかり食べたいなというときは小さめに切ればいい。特に決まりはないんで、あまり固く考えずに自由でいいんじゃないでしょうか。

　アレンジは生クリームの代わりに、トマトジュースとオレンジジュースを使いました。かなり斬新に見える料理だと思いますが、トマトのカルボナーラってとてもおいしくて、実はトマトの酸味と卵がよく合うんですよ。今回はさらにオレンジジュースも使いましたが、パイナップルジュースやリンゴジュース、グアバジュースなどでも代用できると思います。

　また、アレンジではパンチェッタの代わりにスパムを使いましたが、これはベーコンでもいいです。すごくジャンキーな味を想像されるかもしれませんが、ソースと合わせると案外まろやかな感じに仕上がります。オレンジジュースにスパムって、もう朝食の一品として出せる感じですよね。

　アレンジのカルボナーラは液体がかなり多く入ったので、卵にじっくり火を通してもそう簡単には卵が固まったりしません。ただ、液体が多すぎるとシャバシャバになりすぎてしまうので、加減というか、足りなければちょっとずつ加えていくのがよいと思います。

　僕はコショウが大好きなので仕上げにもかなり振りましたけど、結構多めに振るほうが味が引き締まります。いろいろ作ってみると、自分好みのカルボナーラになっていくと思いますよ。

Tool

a.年季の入ったペッパーミル　b.包丁はヘンケルス製

Pasta alla carbonara 05

食材すべてのうま味を合わせた
驚くほど軽やかなカルボナーラ

Chef Yamane
山根大助

Pasta
DE CECCO
デュラム小麦の豊かな香りと味わいがあり、食べ応えのある1.9mmを使用。

EGG
京都府亀岡市で生産される「丹波の赤たまご」を使用。甘みと濃厚なうま味が特徴。

ingredients

材料　1人前

パンチェッタ	35g
パルミジャーノ・レッジャーノ（粉状）	12g
パルミジャーノ・レッジャーノ（ブロック）	適量
卵黄	1個
全卵	1個
水	4L
塩	40g
パスタ	80g
EXVオリーブオイル	適量
生クリーム	10ml
昆布水	50ml
黒コショウ	適量

How to Cook

1

カルボナーラソースの元を
ボウルで混ぜる

ボウルに卵黄と全卵を入れる。

2

コクとなるチーズは
たっぷりと

粉状に削られたパルミジャーノを加える。

3

アクセントとなる
黒コショウ

粗挽きの黒コショウを入れる。

How to Cook

4

少量の生クリームで
軽くなめらかなソースに

軽いカルボナーラに仕上げるために、生クリームは少量加えてなめらかさを出す。

5

ソースをよく混ぜて
準備をしておく

火入れする前にソースをよく混ぜておくことで、スピーディに調理ができる。

お湯の塩分濃度
1%

6

麺の太さで
塩分濃度は変わらない

麺の太さに関係なく塩分濃度は1％でゆでる。沸騰して塩分濃度が上がったら、お湯を足して調整する。

パスタのゆで時間
メーカー推奨
12min
Yamane
9min30sec

7

太めのパスタを
アルデンテでゆでる

パスタはやさしく沸騰した状態をキープしながら、硬めにゆでる。

パンチェッタの切り方
薄切り

8

パンチェッタはオイルを
しっかり外に出す

カルボナーラは、厚切りのパンチェッタを一緒に食べて楽しむパスタじゃないと思っているので薄切りにしてオイルを出したい。脂身の多いものを使ってほしいですね。

48

9
パンチェッタは
炒めすぎない

薄切りパンチェッタはオイルが出やすく、すぐにカリッとしてくるが、カリカリになるほど炒めすぎないで香りを引き出す。

10
火が通ったら
パンチェッタを取り出す。

ある程度柔らかさの残る状態でパンチェッタを取り出す。

俺ポ
昆布水は、昆布20gを1リットルの水で戻し、一晩寝かせた後に昆布を取り出して作ったもの。

11
うま味オイルに
昆布水を加える

==パスタが絡みやすいように、フライパンに残ったオイルにゆで汁ではなく昆布水を50mlほど入れるとうま味が増します。==

12
うま味オイルは
すべて活用

取り出したパンチェッタから出たオイルも、残さずにフライパンに加える。

13
ゆで上がったパスタを
強火で和える

うま味が出たオイルをパスタに一気に吸わせるように、ゆで上がったパスタをフライパンに入れたら強火で和える。

How to Cook

14

卵液を入れるときは弱火にする

5のソースを加えるときは弱火にする。

15

パスタ全体にソースを絡める

ソースがパスタに絡まるように炒めたら、フライパンを火から少し外す。

16

炒め終わりにパンチェッタと合わせる

ちょうどいい硬さのパンチェッタを最後に入れて軽く混ぜるように炒める。

17

素早く盛り付けパルミジャーノチーズを削りかける

パスタを皿に盛ったら、チーズグレーターを使ってパルミジャーノチーズを削りかける。

fin

欠かせないコショウはミルで挽き立てを

カルボナーラには欠かせない黒コショウは、ミルを使って挽きながら振りかけて完成。

Arrange
ゴボウとオムレツのカルボナーラ

材料　1人前

ゴボウ	50g
スモークパンチェッタ	25g
パルミジャーノ・レッジャーノ（粉状）	10g
パルミジャーノ・レッジャーノ（ブロック）	適量
全卵	2個
水	4L
塩	40g
パスタ	80g
EXVオリーブオイル	適量
バター	25g
鶏のブロード（鶏出汁）	125ml
昆布水	100ml
黒コショウ	適量

Pasta
Voiello

「幻のパスタ」と呼ばれたナポリのヴォイエッロ社が作るリングイネ リガーテ（溝入り）。ブロンズダイスでソースに絡みやすい4.2mm幅の平打ち麺。

3
フタをして弱火で20分ほど煮て味を染み込ませる。

1
細切りにしたゴボウを塩と酢を加えた水に5分程度つけアク抜きし軽く水洗いしたものを、小鍋にオリーブオイルを入れて炒める。

4
パスタをゆでる。標準ゆで時間が9分のところ、少し硬めの8分でゆでる。

2
塩を加えて下味をつけ、鶏のブロードを約100mlひたひたになるまで入れる。

5
フライパンにスモークしたパンチェッタを薄くスライスして入れて炒める。

How to Cook

6
焼きすぎないように注意し、表面が少しカリッとしたらパンチェッタを取り出す。

12
フライパンに鶏のブロード25mlと昆布水100mlを加え、取り出しておいたパンチェッタから出たオイルも加える。

7
容器に卵を入れて撹拌し、塩と粉状のチーズを加えて混ぜ合わせる。

13
フライパンにゆで上がったパスタを加えて中火にして炒める。

8
フライパンにバターを入れて弱火にし、バターを溶かす。

14
取り出しておいたパンチェッタ、オムレツ状の卵を加える。

9
7の卵液をフライパンに入れる。

fin
卵の塊をヘラで崩しながら炒めたら皿に盛り、チーズ、黒コショウ、オリーブオイルを仕上げにかけて完成。

10
卵がオムレツ状に固まるまで炒め、取り出しておく。

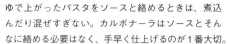

ゆで上がったパスタをソースと絡めるときは、煮込んだり混ぜすぎない。カルボナーラはソースとそんなに絡める必要はなく、手早く仕上げるのが1番大切。

11
フライパンを弱火にかけ、3のゴボウにオリーブオイルを加える。

Interview

ローマの日常がそのまま運ばれてくるような
そんな軽くて毎日でも食べられるカルボナーラを

　カルボナーラはね、ただのパスタではないんです。僕にとってはローマの日常、歴史そのもの。だから、僕が大切にしてるのは"軽さ"です。なぜかと言えば、初めてイタリアで食べたカルボナーラはパンチェッタを炒めたオイルに卵をぐちゃぐちゃって混ぜただけの、すごくシンプルなものだったから。ソースとか全然なくて、つぶれた目玉焼きがパスタに絡まってるだけみたいな。最初は「え、何これ？」って思いましたけど、食べてみたら軽くて本当においしかった。これが、カルボナーラの原点なのかもなって思いましたね。

　カルボナーラが生まれた背景は諸説ありますが、そのひとつに第二次世界大戦後にアメリカ進駐軍がもたらしたというものがあります。僕のカルボナーラはその説からアメリカ人が好みそうなベーコンエッグを想像して再現しているところもあります。ソースのパスタというよりもパンチェッタにスクランブルエッグを和えるオイルパスタというイメージです。カルボナーラに欠かせないのは、パンチェッタやグアンチャーレといった豚の加工品。そこから出るオイルとチーズ。チーズはパルミジャーノでもペコリーノでもどっちでもいいと思います。最後にコショウ、これも欠かせません。

　そしてカルボナーラをおいしく作るには素材が重要。とくにパンチェッタは脂身が多いものを選びたいですね。日本のベーコンって、ハムみたいで脂身が少ないでしょ？でも、カルボナーラはむしろ脂身を食べる料理なんです。豚の加工品って、豚のうま味が凝縮されているものだから、僕はパンチェッタは薄切りにして、中のオイルを引き出します。卵も健康な鶏から生まれたものが一番。今回は京都・亀岡の赤たまごという卵を使っています。卵って、餌とか環境で味が全然違ってきますから。

　よく調理のコツを聞かれますが、シンプルこそすべて。例えば、パスタとソースを絡めるとき、僕はあんまり混ぜすぎないようにしています。や

たらとソースを絡めようとするシェフもいますが、カルボナーラは特にそんなに絡める必要がありません。パスタの表面が溶けちゃうような、過度な絡みは逆効果なんです。さっと、手早く仕上げるのが一番。パスタとソースが合わさる瞬間、水分と油分のバランスが取れれば、それで十分なんです。

　基本編では1.9mmの太麺、アレンジ編では幅のある平打ち麺を使いました。イタリアでもカルボナーラに細麺はほぼ使わないと思いますし、最近は特に太くてしっかりしたパスタのほうが、僕の作るカルボナーラにも合っている気がしています。麺が太くてもソースを軽やかにすれば何の問題もないですから。

　日本の和食のように、当然イタリアではイタリア料理が日常的な料理で、毎日食べても飽きないようなものが好まれます。カルボナーラも同じで、濃厚なソースに頼るんじゃなくて、素材の味を生かした軽さがとても大切なんだと思います。日本のイタリア料理ももっと日常食としての側面を見直してもいいんじゃないかと感じています。

　だからカルボナーラは単なるパスタとして考えていません。ローマの日常をそのまま食卓に運んできたような、そんな料理。だから多くの人に本場の味を知ってほしいし、その軽さを感じてほしいと思っています。

Tool

a.包丁は2本とも堺孝行製
b.ゴムベラは形状の異なるものを使い分ける
c.銅製の小鍋 d.チーズグレーターはマイクロプレイン製

53

Pasta aglio, olio e peperoncino
06

やさしくて味わい深い
この土地に合ったカルボナーラ

Chef Hamasaki
濱﨑龍一

ingredients

材料 1人前

ベーコン（サドルバック種）	80g
パルミジャーノ・レッジャーノ	30g
ペコリーノ・トスカーノ	適量
卵黄	2個
水	3L
塩	30g
パスタ	100g
EXVオリーブオイル	15ml
生クリーム	40〜50ml
鶏のブロード（または水）	15〜30ml
黒コショウ	適量
ニンニク	1/2片

Pasta
MANCINI
マルケ州産小麦だけを使用し、もっちりとした食感が特徴。ブロンズダイスを使用した1.8mmを使用。

鹿児島のヨーロッパの希少な品種であるサドルバック種の「幸福豚」を使ったベーコン。

How to Cook

1 カルボナーラソースを最初に準備

ボウルに卵黄を入れ、泡立て器を使って混ぜる。

2 コクを生むパルミジャーノと生クリームを足す

パルミジャーノ、生クリームを入れてよく混ぜ合わせる。

3 ブロードを入れてソースをゆるめる

鶏と野菜を煮出して作ったブロードを加えて混ぜ、ソースをゆるくしておく。ブロードがない場合は水でも可。

How to Cook

4

風味をつける
ニンニクの下準備

ニンニクは包丁の腹を使って軽くつぶす。

ベーコンの切り方
短冊切り

5

ベーコンとニンニクを
一緒に炒める

冷めたフライパンに、厚めに短冊切りしたベーコンとつぶしたニンニクを入れる。

俺ポ
ベーコンは鹿児島県産の幸福豚で作られたものを使用。ベーコン自体にうま味がある。

6

オリーブオイルを
呼び水に使う感覚で

ベーコンのオイルを引き出しやすくするために、オリーブオイルを使用。

7

弱火でじっくりと炒め
うま味を引き出す

弱火でベーコンとニンニクをじっくりと炒めることで、オイルにうま味をしみ出させる。

8

つぶした黒コショウで
香りを出す

ベーコンに焼き色がついたら、つぶした黒コショウを加えます。つぶすことで辛さよりも香りが立つんです。

9
ベーコンは
カリッと仕上げる

ベーコンの身が引き締まるくらいに中のオイルを引き出し、表面をカリッとするまで炒める。

10
漉し器に移して
油と分けておく

9を漉し器にかけ、オイルとベーコンを分ける。うま味がしみ出たオイルは取っておく。

11
フライパンに濾したオイルを
少し入れる

盛り付けで使う以外のベーコンと、漉したオイルを少量フライパンに戻す。

お湯の塩分濃度
1%

12
塩分濃度控えめで
パスタをゆでる

==塩気のある食材が多いので、カルボナーラの塩分濃度は気持ち薄めにするのがおすすめです。==

パスタのゆで時間
メーカー推奨
9-10 min
Hamasaki
7 min

13
パスタはかなり
硬めにゆでる

ソースと合わせてからもパスタに火が通っていくため、かなり硬めにゆでる。

How to Cook

14
パスタを加えて
ゆで汁を入れる

11のフライパンに火を点け、ゆで上がったパスタと入れたら、ゆで汁を少量加える。

俺ポ
卵液にとろみが出てきたら、ソースが少し残る程度で火を止める。ここでソースをパスタに完全に絡めてしまうと、なめらかさが損なわれてしまう。

15
パスタと卵液を
素早く合わせる

パスタが軽く炒まったら3の卵液を入れ、パスタに絡ませるように混ぜ合わせる。

16
立体的に美しく
皿に盛り付ける

パスタにちょうどよくソースが絡んだら、山状になるように皿に盛り付ける。

17
パスタの上に
ベーコンを飾る

取っておいたベーコンをパスタの上にのせ、つぶした黒コショウを上から振りかける。

fin
コクのあるチーズを
削りかけて完成

最後にチーズグレーターを使って、塩味がマイルドなペコリーノ・トスカーノを削りかけたら完成。

Arrange
白魚とルッコラのカルボナーラ

Pasta
DE CECCO
1.4mmのフェデリーニは一般的なパスタよりも細めで、シンプルなソースによく合う。

材料 1人前

白魚	100g
ルッコラ	7〜8枚
アンチョビ	1/2〜1切
卵黄	1個
全卵	1個
水	3L
塩	30g
パスタ	100g
EXVオリーブオイル	15ml
バター	10g
しじみの出汁	30ml
唐辛子	1本
ニンニク	1/2片

1
ボウルに卵黄、全卵を入れ、しじみの出汁を加えて泡立て器でよく混ぜる。

2
漉し器を使って、1の卵液を漉す。

3
ルッコラは細さが均一になるように千切りにする。

How to Cook

4
フライパンにオリーブオイルを入れ、包丁の腹でつぶしたニンニクを入れて弱火で香りを出す。香りが出たらアンチョビを加える。

10
2の卵液を加える。

5
バターを加えてアンチョビバターを作り、火を止める。

11
フライパンにゆでたパスタを入れ、千切りにしたルッコラを加えて混ぜ合わせる。

6
火を止めた状態で水洗いした白魚をフライパンに入れ、再び中火にしてニンニク、アンチョビと一緒に炒める。

12
皿に盛り付けたら取っておいた白魚をパスタの上にのせ、飾り用のルッコラを散らせば完成。

7
白魚に火が通ったら、盛り付け用の分だけを取り出して火を止める。

8
パスタをゆでる。塩分濃度は1%で、ゆで時間は標準の6分。

9
弱火を点けて、フライパンにゆで汁を加える。

俺ポ
卵液は濾すことでなめらかになる。生クリームを入れない場合は、このひと手間をかけてクリーミーさを出したい。

Interview

いろいろ楽しみながらそれぞれの
家庭に合ったカルボナーラを見つけてほしい

　僕はフィレンツェで修業していたので、イタリアでカルボナーラを習ったことはありません。もちろん食べには行きましたけど。カルボナーラを地方料理として捉えると、具材は卵黄、黒コショウ、グアンチャーレ、ペコリーノ・ロマーノが基本だと思います。炭火焼き風とかそういう雰囲気のネーミングのものだから、生クリームとか乳製品はあまり使わないはず。炭小屋で、卵とチーズとグアンチャーレだけで作ってたんじゃないかな、って僕は解釈してます。

　ただ、日本で最初に教わったカルボナーラに生クリームや牛乳が入っていたから、それが僕のカルボナーラのベースになっているんですよ。思い出が強くて抜けないんです（笑）。でも、家で作る場合は、生クリームなどの水分を入れると作りやすいのも事実。とろっとして、口当たりもよくなる。卵黄だけだとすぐ固まってボテッとするから、それをゆで汁とか水で補うんですが、意外と簡単そうで難しい。今回は水分が多めのカルボナーラを作りましたけど、特に塩を足して調整する必要もありません。ベーコンから出る肉のうま味や卵、チーズのコクもあるし、カルボナーラは味が薄くてもいい気がします。だからパスタをゆでる塩分濃度が1％でも全然問題ないです。

　カルボナーラと言えばグアンチャーレやパンチェッタを使うところが多いと思うけれど、いまはイタリア産のものが手に入らない。それもあって、僕はベーコンを使います。サドルバックっていう豚の品種をかけ合わせた幸福豚という鹿児島の豚を使っています。とても洗練されたこの豚で作るベーコンで、少しスモークがかかってます。うま味も十分だし、塩分もちょうどよくすごくおいしいんですよ。

　基本のカルボナーラでは卵黄だけを使いましたけど、アレンジで全卵を使ったのは白魚を優しく包み込むためです。卵黄だけだと少し重くなるんで。卵白を入れると少しフワッとします。もちろん、その家のカルボナーラがあっていいと思うので、基本のレシピを作るときでも全卵と卵黄を使って問題ありません。カルボナーラの1番のポイントは、固めないこと。ボテッとさせないのが最終目的。でも、皿に盛って食べ始めるとどうしても固まってくるから、それを柔らかく保つために、ちょっとゆるめのソースにする。卵白が入るだけで全然違いますよ。

　今回は鶏のブロードやしじみの出汁などを使いましたが、ベーコンやアンチョビ、バターなど、味の出る食材をたくさん使っているので、家庭では水でも意外とおいしくできると思います。ただ、コショウはカルボナーラの大事な要素なので、ここは少し手間をかけてこだわりたいところ。黒コショウをつぶして軽く炒るのがおすすめです。これだけで香りが全然違うし、粗い粒だけを使うと食感もよくて全体の味が引き締まります。

　アレンジでは1.4mmという細麺をあえて使いました。カルボナーラと言えば太麺となりがちですが、意外と1.4mmくらいのほうがソースとよく絡んでおいしい。卵黄だけ使う、全卵を使う、生クリームを入れる。味噌汁の具材が各家庭でそれぞれ違うように、いろいろ試してみて自分に合ったカルボナーラでいいと思いますよ。

Tool

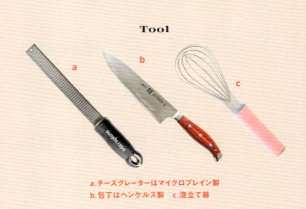

a.チーズグレーターはマイクロプレイン製
b.包丁はヘンケルス製　c.泡立て器

Pasta alla carbonara 07

本場ローマのカルボナーラに日本人の好みのアレンジをきかせた一皿

Chef Suzuki
鈴木弥平

ingredients

(材料) 1人前

パンチェッタ	12g
グアンチャーレ	12g
パルミジャーノ・レッジャーノ	12g
ペコリーノ・ロマーノ	8g
卵黄	2個
水	1L
塩	10g
パスタ	80g
黒コショウ	1g

Salt
伯方の塩 焼塩
パスタをゆでる際には「伯方の塩 焼塩」を使用。まろやかな塩味が特徴で、サラサラしていて使いやすい。

Pasta
REGALO
ソースとのバランスがよい1.7mmを使用。弾力のある食感とアルデンテが続くのが特徴。

Egg
茨城県産の「奥久慈卵」を使用。濃厚なコクとうま味が特徴。

How to Cook

お湯の塩分濃度
1%

1
日本人向きの
1.7mmのパスタを使用

ローマでは1.9mmのスパゲッティが出てきますが、レガーロが日本人に向けて作った1.7mmを使用。太すぎると咀嚼が増えて塩味を増す必要が出ちゃうんですよ。

パスタのゆで時間
メーカー推奨
8min
Suzuki
8min

2
塩気の多い食材なので
塩分濃度は1%でOK

チーズ、グアンチャーレ、パンチェッタはどの食材も塩分があるため、塩分濃度は1%くらいがちょうどいい。

グアンチャーレの切り方
細切り

3
脂身の多いグアンチャーレは
細切りにする

グアンチャーレはオイルを引き出しやすいように細切りにする。

How to Cook

> **俺ポ**
> カルボナーラはオイルが大事。
> グアンチャーレはその役割が
> 大きく、肉感はパンチェッタで
> 補うという考え方。

4
弱火にかけてグアンチャーレから
オイルを引き出す

グアンチャーレをフライパンに入れ、弱火で脂身が透き通るように炒める。

パンチェッタの切り方
短冊切り

5
パンチェッタは
少し大きな短冊切りに

肉感を残したいパンチェッタはグアンチャーレよりも少し大きな短冊切りに。

6
オイルが出たグアンチャーレと
時間差で一緒に炒める

適度にオイルが出たグアンチャーレの入ったフライパンにパンチェッタを加える。全体にオイルが回ったら火を強くして、パンチェッタの表面がカリッとするまで炒める。

7
おいしいオイルを引き出せたら
肉類は取り出す

グアンチャーレとパンチェッタからオイルが出て表面がカリカリになったところで、キッチンペーパーに取り出しておく。

8
グアンチャーレと
パンチェッタのオイルを活用

グアンチャーレとパンチェッタから引き出したオイルに、黒コショウを入れる。黒コショウはミルを使わず粗挽きを使用。

9
黒コショウの辛みを
オイルに移すイメージで

黒コショウを入れたらフライパンを火にかけ、炒めながら黒コショウのスパイシーさを引き出す。

10
ゆで上がったパスタを入れたら
一気に仕上げていく

フライパンの中にゆで上がったパスタを加え、素早く炒める。

11
卵黄を入れた後は
集中して繊細に

フライパンを火から下ろし、濡れ布巾の上にのせてから卵黄を入れます。フライパンが高温のままだと、すぐに卵黄に火が入ってしまうので注意。

12
火にかける前に
卵黄とパスタを絡める

卵黄を入れたら、火にかける前に軽く全体を混ぜる。

13
パルミジャーノは
ソースになじませる

パルミジャーノはこの段階で入れ、ソースになじませる。

How to Cook

14
火にかけてからは
ソースの状態を常にチェック

フライパンを弱火にかける。火にかけると一気にソースが固まっていくので、ヘラで素早く混ぜ続ける。

15
ゆで汁を加えて温度と
なめらかさを保つ

ソースが固まりすぎるとすぐに冷めてしまうため、温度を保つ意味となめらかさを出すためにゆで汁を約20ml加える。

16
気持ちゆるめの
ソースに仕上げる

フライパンの中でソースが少し垂れるくらいで火を止める。

17
盛り付けるときは
ソースも残さずに

パスタを皿に盛り付けたら、ソースは残さずパスタにかける。こうすることで食べるまでに冷めにくく、なめらかさを保つことができる。

fin
最後の風味の強い
ペコリーノ・ロマーノを

キッチンペーパーに取り出しておいたグアンチャーレとパンチェッタを盛り、黒コショウ、ペコリーノを削りかければ完成。

Arrange
ディップ式カルボナーラ

材料 1人前

グアンチャーレ	10g
パルミジャーノ・レッジャーノ	12g
ペコリーノ・ロマーノ	2g
卵黄	1個
全卵	1個
水	4L
塩	20g
パスタ	36g
黒コショウ	1g

Pasta
Ferrara

イタリア・ナポリ産のペンネ・リガーテ。肉厚でアルデンテの持続性が高く、筋が入っているのでソースと絡みやすい。

2
グアンチャーレはスライスして弱火で炒め、カリッとしたらキッチンペーパーに取り出しておく。出たオイルも取っておく。

3
卵黄と全卵をボールに入れて、泡立て器で素早く混ぜる。

1
標準ゆで時間は11分だが、1時間ほどオーバーボイルし1日ほど乾燥させる。ゆで時間が短いと揚げても硬い食感が残る。塩分濃度は0.5％くらい。

4
湯煎にかけながら、さらに混ぜる。

How to Cook

5
温度が上がってきたら濡れ布巾の上にボールを置いて混ぜる。4〜5を数回繰り返す。

11
オーバーボイルして乾燥させたパスタを180度の油で揚げる。

6
泡立て器が少し重く感じるようなもったり感が出てきたら、取っておいたグアンチャーレのオイルをすべて加える。

12
油の温度が下がるので少量ずつ揚げるのがポイント。

7
湯煎から外し、パルミジャーノを加えてさらに混ぜる。

13
沈んだパスタが浮き上がってきたら軽く回転させながら表面を揚げる。

8
ディップ風に仕上がったカルボナーラソースを器に入れる。

14
全体が淡いキツネ色になったところで油から取り出す。

9
ソースの上にペコリーノを削りかける。

fin
パスタを盛り付け、カリカリとなったグアンチャーレをカルボナーラソースの上にのせて完成。

10
粗挽きの黒コショウも上に振りかける。

俺ポ

余ったペンネなどをも一度オーバーオイルして再利用することが可能。手づかみで食べられるので、パーティーなどでも喜ばれる。

Interview

本場ローマでも変わってきている
カルボナーラの定義と捉え方

　カルボナーラを初めて教わったのは師匠の平田勝氏からでした。平田氏はイタリアのトスカーナで修業をした人なので、実はローマ料理であるカルボナーラのことはよく知りません。イタリアではミラノの人はミラノ料理しか知らないし、シチリアの人はシチリア料理しか知らないから、教わる側もそうなるわけです。

　だから、まだ日本でイタリア料理がきちんと認知される前の1980年代前半に、ローマで修業した落合務シェフにローマ料理を、片岡護シェフにミラノ料理を教わるというような情報交換をシェフの間でしていたんです。それが日本イタリア協会の始まりで、そこから日本でイタリア料理の認知度が上がっていきました。

　僕も平田氏に教わってからイタリアに修業に出ましたが、ローマではなかったのでイタリアをいろいろ食べ歩きをしながら勉強しました。ローマでも店によってなんとなく違いがありましたね。ただ時代の流れなのか、僕がよく行ったローマの店が最近突然変わったんですよ。卵にこだわる、チーズにこだわる、グアンチャーレにこだわる、生産者にこだわる「究極のカルボナーラ」っていうメニューを出すようになって。時代とともにローマ料理自体も変わってきているんでしょうね。

　食文化が違うからローマの本場のコテコテのカルボナーラって、あんまり日本人の口には合わない気がするんですよ。ローマのカルボナーラは、おいしいけどしょっぱいし、麺も硬いので食べづらい。ただこれにもきちんと理由があるんです。例えば貧しい中で一食を食べるときに、咀嚼を何度も何度も繰り返すことでお腹を満たす。だから塩分が強かったり、1.9mmの太いスパゲッティで硬さも必要だったりするんです。結果的にしょっぱいグアンチャーレのオイルがマッチすることにもなるわけですよ。

　本場では卵も全卵は使わず卵黄のみで作るので、再現するには特に火加減が難しいですね。僕はゆで汁を入れて作りやすくしていますが、家庭ではこれを生クリームに変えるだけでもっと作りやすくなると思います。基本的に卵は茨城県・奥久慈のものを使っています。僕にパレトーネというイタリアのパンのようなお菓子をよく作るんですが、それに使う卵をカルボナーラでも使っています。ちなみに僕はパレトーネを一年中作っていて、世界大会に日本代表で出たこともあります。

　あと、カルボナーラの味の決め手は豚の塩漬けのオイルがソースのコクになるということ。僕はグアンチャーレをメインに使いますが、ない場合はパンチェッタの脂身が多いもので代用することもあります。グアンチャーレもパンチェッタも弱火で放っておけば、オイルがすぐにしみ出てきてカリカリになります。

　それと、そもそもイタリアでは熱々で料理を提供しようという考えがないので、これも日本と本場で出すカルボナーラの違いに大きく影響していると思いますね。熱々でなくていいのであれば、卵が固まるリスクも減ります。コクがあって、熱々でなめらかなカルボナーラを出すって日本だからこそ求められることだと思いますから。

Tool

a.包丁は高村刃物製作所製　b.ヘラ　c.泡立て器
d.チーズグレーターはマイクロプレイン製

Pasta alla carbonara 08

卵の味を最大限に生かしながらオリジナルのコクを加えたカルボナーラ

Chef Ogawa
小川洋行

ingredients

材料 1人前

パンチェッタ	20g
パルミジャーノ・レッジャーノ	20g
卵黄	2個
水	2L
岩塩	30g
ローズソルト	1g
パスタ	60g
EXVオリーブオイル	20ml
黒コショウ	1g
ニンニク	2片
イタリアンパセリ	2本
鶏のブロード	30ml

※市販のブロード・ディ・ポッロの場合は小さじ1と水30ml

Salt
岩塩はパスタをゆでるときに使用。しっかりと塩をきかせながら、仕上がりはまろやかに味になる。

自家製のパンチェッタ。料理に使った豚ロースの端の脂身の多いところを使って作っている。

Pasta
Ferrara
イタリア・ナポリ産のフェラーラの1.7mmを使用。しなやかな食感と弾力が特徴。

How to Cook

1 ニンニクの風味がついたオイルを使用

ニンニクは普通カルボナーラに使いませんが、オイルにパンチェッタを足すみたいな感覚でニンニクの香りをオイルに足して深みを出します。

2 キツネ色になるまでニンニクを炒める

最初は強火で、油がフツフツとしてきたら弱火に。ニンニクの表面がキツネ色になったら、いったん火を止める。

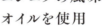

3 スライスしたパンチェッタを加える

自家製のパンチェッタはオイルにうま味を移すために薄くスライスして**2**に加える。再び火をつけ弱火でじっくりとパンチェッタを炒める。

パンチェッタの切り方
薄切り

How to Cook

お湯の塩分濃度
1.5%

4
塩がきいた
塩分濃度にする

しっかりと塩をきかせたいので、塩分濃度は岩塩を入れて1.5%くらいに。

パスタのゆで時間
メーカー推奨
7min
Ogawa
6min30sec

5
ゆで時間は
少し短めに

カルボナーラはボウルの中で仕上げる時間も考慮し、ゆで時間は標準よりも少し短めにゆでる。

俺ポ
オイルの温度は弱火でも上がっていき酸化が進むため、時々濡れ布巾の上にフライパンを置きながら温度調整を行う。

6
オイルを酸化させないために
濡れ布巾を使用

パンチェッタからオイルが出てカリカリとした感じに仕上がったら濡れ布巾にフライパンを置いて温度を下げ、これ以上油が酸化しないようにする。

俺ポ
鶏のブロードは大きな寸胴鍋に丸鶏とタマネギを入れて2日間煮込み、コップ2杯程度になるまで煮詰めたもの。市販のブロード・ディ・ポッロを使う場合は味が強いため、かなり薄めて使うのがおすすめ。

7
鶏のブロードで
さらなる深みをプラス

フライパンに再び火を点けて弱火にし、鶏のブロードを加える。

8
香りとうま味が出たら
ニンニクを取り出す

鶏のブロードをなじませたら、トングでニンニクを取り出す。

How to Cook

9
ボウルを用意して
ソースの元を作る

ボウルに卵黄を入れ、その上にローズソルト、黒コショウをミルで挽きながら振り入れる。

10
卵黄を崩しながら
全体を混ぜる

パルミジャーノも加えたら、菜箸を使って卵黄を崩しながら全体がなじむように混ぜる。

11
ゆで上がったパスタを
うま味オイルに投入

ゆで上がったパスタを8のフライパンに入れる。

12
ゆで汁を加えて
ソースを温める

ゆで汁を加えるのはソースをなめらかにする以外にも、ソースを少し温めておく効果もあります。

13
パスタとオイルを
一気に混ぜ合わせる

フライパンに火を点けて、強火でパスタにオイルを絡ませるように和える。

How to Cook

14
最後はボウルで仕上げる

オイルを絡めたパスタを**12**のボウルに入れ、菜箸でソースを絡めるように混ぜ合わせる。

15
ゆで汁を加えてソースの粘度を調整

ソースになめらかさが足りなければ、ゆで汁を少し加える。ソースがボウルの中で少し垂れるくらいを目安に。

16
セルクル型を使ってパスタを盛り付ける

セルクル型を使ってパスタを盛り付けると、美しい立体的な形が簡単に作れる。型をそっと外したら、ボウルに残ったソースを上からかける。

17
挽き立て黒コショウを上から振りかける

黒コショウをミルで挽きながら振りかける。

18
粗めに刻んだパセリで仕上げ

イタリアンパセリの葉の部分を粗めに刻み、パスタの上に散らして完成。

Arrange
烏骨鶏卵黄と黒トリュフのカルボナーラ

(材料) 1人前

黒トリュフ ………………… 5g
パルミジャーノ・レッジャーノ … 10g
卵黄 ………………………… 2個
水 …………………………… 2L
岩塩 ………………………… 30g
ローズソルト ……………… 1g
パスタ ……………………… 60g
EXVオリーブオイル ……… 20ml
黒コショウ ………………… 1g

自家製の手打ちパスタ。イタリア・ピエモンテ州の卵黄100％で作る「タヤリン」と呼ばれるもの。

1
卵黄が入ったボウルに、ローズソルト、黒コショウ、パルミジャーノを入れる

2
刻んだ黒トリュフをEXVオリーブオイルに漬けて、トリュフオイルを作っておく。市販のトリュフオイルでも代用可。

3
ボウルにトリュフオイルを加える。

How to Cook

4
菜箸でソースがなめらかになるまで、具材をよく混ぜ合わせる。

10
セルクル型を使ってパスタを盛り付け、型を外してからボウルに残ったソースをパスタの上からかける。

5
パスタをゆでる。塩分濃度は1.2%。少し控えめの塩分濃度にして、仕上げのときに調整する。

11
スライサーを使ってパスタの上に黒トリュフを振りかける。

6
ゆで上がったパスタを4のボウルに入れ、菜箸でソースと絡める。

fin
最後に皿のまわりにも黒コショウを振って完成。

7
温かいうちに完成させるため、素早く混ぜるのがポイント。

俺ポ
自家製パスタを乾麺で作る場合は、1.4mmくらいのブロンズタイプがおすすめ。

8
味見をして、塩気が足りなければローズソルトを足す。

9
風味のパルミジャーノも加える。

76

Interview

イタリア修業時代の経験と卵愛から生まれた
自分らしい究極のカルボナーラ

　イタリアに修業に行ったとき、生クリームが入っているカルボナーラってないんだな、っていうのが一番強かった印象です。修業先で結婚式などのパーティーがよくあったんですけど、お子様向けに生クリームを入れたカルボナーラを出してたんですよ。そのときに初めて生クリームが入ったカルボナーラ見て「あれ、これいつも入れてないけどどうしたの？」って聞いたら「子ども用だよ」って言われて。子どもには柔らかい味になるように入れるんだそうです。ただ、ローマのカルボナーラは基本は卵だけなので、僕も生クリームは使わず卵黄だけを使います。

　カルボナーラって言ったら卵と挽き立ての黒コショウ。昔のローマのカルボナーラは炒り卵だったらしいんですよ。ある程度冷蔵庫とかで保存できるようになってから卵の鮮度が保てるようになって、トロッと仕上げる技術が上がってきたんだと思います。だから炒り卵になった場合も、それはそれでおいしく食べればいいんです。僕はカルボナーラで一番大事な要素は卵だと思っているので、チーズもブロックを削ることはしません。削り立てだと強すぎて卵の味が消えちゃうんですよ。だからチーズは粉状のパルミジャーノをあえて使っています。

　カルボナーラでニンニクを使うなんて先輩方に叱られそうですが、それには理由があります。僕はパンチェッタを豚ロースの脂の多い部分を使って自分で作っていますが、市販のものと比べると火を入れてもあまりオイルがしみ出てきません。だから、その代わりにニンニクを使って風味やコクをプラスしているんです。鶏のブロードを加えるのもその理由からですね。

　ボウルでパスタとソースを和えてからフライパンに戻して、最後に火を少し入れるというやり方もありますが、僕は最後はボウルで仕上げます。卵のおいしさに重きを置くと、火入れをして卵にダメージを与えたくない。卵愛が強いんですよ（笑）。なので、ゆで汁やスピードで温度感を調整し、最後までボウルで仕上げる形になりました。

　アレンジは僕が北イタリアのピエモンテ州で実際に食べたトリュフのカルボナーラ。僕の中では衝撃を受けるほど印象に残ったカルボナーラだったので、クリスマスシーズンの看板メニューとして自分のお店でも出しています。ピエモンテ州で食べたこのカルボナーラには、卵黄100%で作る「タヤリン」という手打ちパスタが使われるので、今回のアレンジでは同じように自分で作りました。まさに卵と卵の組み合わせですね。これは打ち立てが大事なので、取材の時間に合わせて作りました。打ち立てはゆで時間も短くてすみますし、細麺で作るのが粋です。基本のレシピよりも卵感をさらにアップさせたいので、卵液には烏骨鶏の卵を使って、ボウルのみで調理をしています。現地で食べたトリュフのカルボナーラには余談がありまして、テーブルの上でスタッフがカルボナーラの上にトリュフをスライスしてくれるんですが、ストップをかけるまでかけ続けるんですよ。僕は自分でストップをかけるって知らなかったから「グラッチェ、グラッチェ」と言い続けていたら最後にとんでもない金額に…。「Basta（バスタ）」って言わなくちゃいけなかったらしいんですけど、痛い目にあってその言葉を覚えました。お店でお客様にこの話をしながらトリュフをかけると、とても喜んでいただけるので、いい失敗だったと思います。

Tool

a.ペッパーミルはプジョー製　b.トリュフスライサー
c.パスタマシンはインペリア製　d.包丁は修業時代から使っているドイツ製

Pasta alla carbonara 09

すべてに最適解を出して作るコーティング卵のカルボナーラ

Chef Okuda
奥田政行

ingredients

材料 1人前

ベーコン	40g
グラナパダーノ	30g
卵黄	1個
全卵	1個
水	5L
ゆすぎ用の湯	4L
塩	100g
パスタ	15ml
ピュアオリーブオイル	10g
バター(無塩)	100ml
生クリーム	適量
燻製黒コショウ	1/2片
ニンニク	

Egg
「わんぱくたまご」という名の通り、山形県庄内地区の自然豊かな環境で育ったコクのある卵。

東北ハムが作る奥田シェフ監修の「庄内豚プレミアムベーコン」。なめらかでしっとりした脂身ときめ細かな赤肉を、桜のチップで柔らかい香りで仕上げた上品な味わい。

Pasta
DE CECCO
太さ1.6mmのブロンズダイス製法のパスタ。

How to Cook

お湯の塩分濃度
3%

1
独自のゆで論に基づいた究極の塩分濃度

塩分濃度は2.7%を超えると沸点が0.5〜1℃上がるので、パスタを追加で入れてもお湯がすぐに沸騰し直します。塩の作用で麺が引き締まるのでプリッとした食感のパスタになり、表面がのり状にならない。

パスタのゆで時間
メーカー推奨 **9min**
Okuda **9min50sec**

2
カルボナーラは少し長めにゆでる

メーカー推奨のゆで時間よりもカルボナーラは50秒多めにゆでる。パスタは柔らかめがよいが、塩分が多いことで食感はよい状態が保たれる。

3
卵液を作るボウルにニンニクの香りをつける

半分に切ったニンニクをボウルにこすりつけ、味を忍ばせる。

How to Cook

4

卵を入れて
トングで撹拌する

全卵と卵黄をボウルに入れて、白身を切るようにトングで撹拌する。

5

塩をひとつまみ入れて
下味をつけていく

無塩バターを使用するため、塩をひとつまみ入れて下味をつける。

俺ポ
使用するバターの量が多いため、調節しやすいように無塩バターを使う。

6

常温で戻した
バターを加える

常温で柔らかくなったバターをボウルに加える。

7

コショウはミルで
挽きながら入れる

黒コショウはミルで挽きながら入れて、香りと辛味を立たせる。

8

分量の3/5のチーズを
削り入れる

分量の3/5のグラナパダーノをチーズグレーターで削りながら入れる。ここで味見をして塩加減をチェックする。

How to Cook

ベーコンの切り方
短冊切り

9
ベーコンを
ピュアオイルで炒める

フライパンにピュアオイルとベーコンを入れて、ベーコンがキツネ色になるまで炒める。

俺ポ

ベーコンからパチパチっと音がするのは、水分が抜けているから。最初は強火で、音がし始めたら弱火にする。ベーコンの焦げ味を出すように炒める。

10
火を止めて
生クリームを加える

フライパンの火をいったん止めて、生クリームを入れる。

11
再び点火し
生クリームを煮詰める

フライパンを弱火にして生クリームを少し煮詰め、クリームにベーコンの味を入れる。

12
ゆで上がったパスタは
お湯でゆすぐ

ゆで上がったパスタをお湯ですすぐことでパスタの表面についた塩分を落とし、ソースの塩分とパスタの塩分の関係をちょうどよい加減にできます。カルボナーラだとゆすぐ時間は2秒くらいで、柔らかめで塩分少なめのパスタにします。

13
パスタを和えるときは
少し火を強める

フライパンにゆで上がったパスタを入れたら、火を中火にしてクリームソースが絡むように和える。

How to Cook

14

ソースがしみ込むように
90度以上の温度でとろみを出す

90度以上でパスタの表面が口を開き、ソースがしみ込む。よく混ぜてグルテンと油脂と熱が加わることで、バターと小麦粉と熱で作るルーと同じ作用がおきてソースにとろみが出る。

15

クリームが絡んだパスタを
ボウルで卵液と和える

パスタにクリームソースが絡んだら8のボウルに入れて卵液と混ぜる。パスタの熱でバターが完全に溶けながら混ざる。

16

フライパンに戻して
82度以下で加熱

フライパンにボウルのパスタを戻し、火が当たりすぎないように注意しながら少しだけ熱を加える。卵液は82度で固まり始めるので、それよりも高温にしない。

俺ポ
パスタを盛り付ける直前に、皿をゆで汁につけてさっと温めておく。

17

パスタを盛り付け
残りのチーズをかける

パスタを皿に盛り付け、チーズグレーターで残りのチーズを削りかける。

fin

仕上げに
黒コショウを振る

最後にミルで燻製にかけた黒コショウを振りかけて完成。

Arrange
鴨とホワイトアスパラガスのカルボナーラ

材料 1人前

鴨肉	30g
ホワイトアスパラガス	2本
黒トリュフ	6g
グラナパダーノ	少々
卵黄	1個
全卵	1個
水	5L
ゆすぎ用の湯	4L
塩	125g
パスタ	100g
ピュアオリーブオイル	15ml
バター（無塩）	10g
生クリーム	100ml
燻製黒コショウ	適量
ニンニク	1/2片

Pasta
Barilla

バリラのフジッリ。テフロンダイス製で表面がなめらかな、くるくるとねじれているショートパスタ。

2
表面が焼けた鴨肉を、180度のオーブンに入れて約15分焼く。

3
塩分濃度3％のお湯でショートパスタをゆでる。ゆで時間はメーカー推奨の11分。

1
鴨肉に塩とコショウを振り、ピュアオリーブオイルを敷いたフライパンで強火で焼く。

4
鴨肉をオーブンから取り出し、アルミホイルに包んで休ませる。

How to Cook

5
鴨肉から出たオイルと生クリームを中火にかけて軽く煮詰めておく。

11
ゆで汁でホワイトアスパラガスをゆでる。

6
別のフライパンで、ゆで上がったパスタにピュアオリーブオイルをかけコーテーティングをしておく。

12
5のフライパンにパスタを入れて炒める。火を止めてから8の鴨肉を加える。

7
鴨肉をスライスして塩を振り、燻製コショウを振ってもみ込む。

13
9のボウルにパスタを入れて混ぜ合わせる。

8
盛り付け用の鴨肉を取っておき、残りの鴨肉は中火で炒める。

14
ゆで上がったホワイトアスパラガスを半分に切ってフライパンに入れソースと絡める。炒り卵状になってホワイトアスパラガスと一体化する。

9
ボウルにニンニクをこすりつけ、卵、塩、バター、黒コショウ、グラナパダーノを入れてよく混ぜ卵ソースを作る。

fin
皿にパスタとホワイトアスパラガスを盛り付け、一部にバーナーで焼き目をつける。取っておいた鴨肉と黒トリュフをスライサーで振りかければ完成。

10
オイルでコーティングした6のパスタを（30秒程度）二度ゆでし、ゆで上がったパスタはお湯で2秒すすぐ。

俺ポ

パスタを二度ゆですることで中までちゃんと火が通り、食感のあるパスタの味がしっかり味わえる。

Interview

先にクリームで味を完璧に決めて
その後で卵に集中する2段方式で失敗なし

　僕にとってカルボナーラは、おふくろの味のようなものです。初めて食べたときの記憶が強烈に焼き付いているんですよ。イタリアで食べたと言いたいところですが、実は違います。僕が料理人として駆け出しの18才の頃でした。渋谷のレストランで働いていたのですが、当時の僕はミートソースとナポリタンしか知らない田舎者。そんな僕が初めてミートソースとナポリタン以外のパスタを見たときは衝撃が走りましたね。

　カルボナーラを自分で作ったときもまた衝撃的でした。卵の火の通し加減だけで、味が全然変わるんですから。ゆで卵と生卵と半熟卵で味が違うのと同じように、カルボナーラの卵も火の入り方で味が変わります。僕は半熟加減を見極めることに集中したいので、カルボナーラを作るときは味つけと卵の火入れを同時進行でやらず、先に味をしっかり決めて、最後に卵でコーティングするっていうスタイルに行き着いたんです。生クリームの絡んだパスタに、卵で壁を作るイメージですね。火加減にだけ気をつけて、後で卵をコーティングすれば、おいしいカルボナーラができる。卵白や卵黄が固まる温度帯をきちんと理解すれば、「今は何度くらいだ」って予測できます。味を決めながら卵が固まるのを気にするとなると、自分への負荷が二重でかかってきます。だから、先にクリームで味を完璧に決めて、それから卵を扱うっていう二段階方式にすれば失敗が少ないって気づいたんです。

　「パンチェッタやグアンチャーレじゃなくてベーコンを使うの？」っていうのもよく聞かれるんですけど、パンチェッタやグアンチャーレが発展してベーコンになったということと、燻製香がカルボナーラの炭焼き職人風という煙のイメージに合うので使っています。ベーコンのほうがおいしいと思いますし、ベーコンは山形県の鶴岡で専用に作ってもらってるからというのもあります。もちろん、パンチェッタやグアンチャーレを使うこともあるので、使い分けてるって感じかな。

　基本のパスタはメーカーの推奨時間よりも長めにゆでています。イタリア人がアルデンテにこだわるのはそもそも水が日本よりも硬くてカルシウムの影響で麺がゆで上がらないから。カルシウムの多い水でゆでると、カルシウムが90度で麺の表面について麺の中まで水が入っていかない。だから硬い麺を沸点の高い熱いソースで中まで火を通していくんです。僕がアルデンテよりも長くゆでるのは、日本人はきちんとパスタの中心まで火が通っているほうが好みだと思っているからです。それでも塩分濃度を高くしているので、食感はきちんと残るんです。

　今回、生クリームを高温で沸騰させたのも、理由があります。生クリームや牛乳は、65度を超えると乳糖という糖が分解され始め、それが焦げるとキャラメルみたいになって味が変わるんです。だから、わざと沸騰させて膜ができないようにしっかりと混ぜながら温める。そして90度を超えたパスタを入れて混ぜると、パスタ同士がこすれてデンプンが出てきます。その小麦のデンプンと生クリームの油脂分と熱によってベシャメルソースのようになるわけです。ソースにとろみをつけたところに、卵でさらにとろみをつけ加える。その濃厚なソースをワインの酸味で消しながら食べる。その味の変化がすごくおいしんですよね。カルボナーラはワインの酸味で完成すると僕は思っています。

Tool

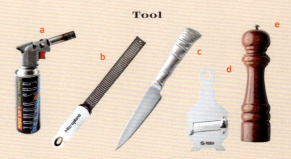

a.ハンドガスバーナー　b.チーズグレーターはマイクロプレイン製　c.包丁は片岡製作所製
d.トリュフスライサーはAMBROGIO SANELLI製　e.ペッパーミル

85

Pasta alla carbonara 10

ローマっ子に鍛えられたカルボナーラに
日本風のアレンジをきかせた逸品

Chef Akita
秋田和則

材料 1人前	
グアンチャーレ	50g
ペコリーノ・ロマーノ	10g
卵黄	2個
水	5L
塩	55g
パスタ	100g
ピュアオイル	適量
仔牛と鶏のブロード	70ml
※ない場合はチキンコンソメで代用可	
黒コショウ	適量
ニンニク	1片

仔牛と鶏ガラを煮詰めて作ったブロード。市販のものを使う場合は、ビーフコンソメではなくチキンコンソメのほうがおすすめ。

Pasta
Voiello
デュラム小麦のセモリナ粉を使った1.92mmの太麺タイプのパスタ。

How to Cook

1
パスタが冷めないよう
ボウルを温めてから使う

卵液が冷たいままだとパスタと合わせるときに温度が下がってしまうので、パスタをゆでるお湯でボウルを温めておきます。

2
温めたボウルで
卵液を作る

ボウル全体が温まるくらいで湯煎から外し、卵黄とペコリーノを入れてゴムベラで混ぜ、表面が乾かないようにラップをしておく。

3
太いパスタを
1.1%でゆでる

お湯の塩分濃度 1.1%

太麺タイプのパスタを、程よい塩分濃度でゆでる。

How to Cook

4
ゆで時間は
少しだけオーバーボイルでOK

ボウルに入れてから数秒で仕上げるので、ゆで時間は少し長めにする。

5
香りづけのニンニクは
手でつぶして使う

冷めたフライパンにニンニクとピュアオイルを入れる。ニンニクは香りづけとして使うため、皮のまま手でつぶして使う。皮のままだと焦げも避けられる。

6
グアンチャーレに
ゆっくり火を通す

フライパンに短冊切りしたグアンチャーレを入れ、弱火でじっくりとグアンチャーレの脂のうま味を引き出す。

7
余分なオイルは
取り除く

グアンチャーレの表面がキツネ色になって中のオイルがしみ出たら火を止め、余分なオイルとニンニクは取り除く。ある程度のオイルを残すのが、おいしく作るためのコツ。

8
ブロードを入れて
深みをアップ

フライパンにブロードを入れて弱火にかけ、少し煮詰める。煮詰めすぎた場合は、塩分の入ったゆで汁ではなくお湯を加える。

How to Cook

9
パスタと混ぜる直前に卵液を湯煎する

パスタの温度を下げたくないので、卵液の入ったボウルを少しだけゆで汁の上に置いて温めます。ただ、チーズが固まるため長く置いて温めすぎないように注意しましょう。

10
ゆで上がったパスタを一気に和える

ゆで上がったパスタを8のフライパンに入れ、中火にしてパスタにオイルソースが絡むように混ぜる。

俺ポ
麺は炒めず、あくまで絡める程度を意識して、水分を欠かさないようにする。

11
最後はボウルでパスタと卵液を混ぜる

パスタにオイルソースが絡んだらすぐに火を止め、9のボウルにパスタを入れる。

俺ポ
水分をしっかり保ったソースをかけることで、パスタが冷めにくくなる効果もある。

12
スピーディーに盛り付ける

パスタと卵液が混ざったら皿に盛り、ボウルに残ったソースも残さずパスタの上にかける。

fin
ペコリーノと黒コショウを振る

チーズグレーターでペコリーノを削りかけ、ミルで黒コショウを振りかけて完成。

Arrange
牡蠣と九条ネギのカルボナーラ

材料 1人前

牡蠣（生食用）	中3個、大1個
九条ネギ	30g
グアンチャーレ	50g
ペコリーノ・ロマーノ	5g
卵黄	2個
水	5L
塩	55g
パスタ	100g
ピュアオイル	適量
バター	適量
アサリの出汁	50ml
※ない場合はアサリ缶の汁などで代用可	
ニンニク	1片
薄力粉	適量

1
九条ネギは青い部分と白い部分を分けて使う。どちらも斜め薄切りにする。

2
牡蠣は氷水で洗って汚れを落とし、ザルの上で水切りしておく。滴ったエキスは後に使用する。

3
ボウルに卵黄とペコリーノを入れてゴムベラで混ぜ、表面が乾かないようにラップをしておく。

How to Cook

4
パスタをゆでる。ゆで時間、塩分濃度は基本のレシピと同じ。

10
フライパンにアサリの出汁を入れる。味が濃くならないようにまずは3分の2ほど入れて様子を見る。

5
冷めたフライパンに、手でつぶしたニンニク、グアンチャーレを入れて弱火でじっくり炒める。オイルが必要ならピュアオイルを加える。

11
弱火でアサリの出汁を少し煮詰める。

6
グアンチャーレからオイルが出てきたら、九条ネギの白い部分を入れて一緒に炒め、火を止める。

12
2の牡蠣から出たエキスを加える。これを加えることで牡蠣のうま味が倍増する。

7
九条ネギが炒まったら火を止める。香りとうま味が移ったオイルを少し残して、残りは取り除く。

13
味見をして薄いようだったらアサリの出汁の残りを加える。ニンニクは取り出しておく。

8
トッピング用の大きな牡蠣は取っておき、残りの牡蠣をフライパンに入れる。生でも食べられる牡蠣のため、火を通しすぎないのがポイント。

14
3の卵液が入ったボウルをパスタのゆで汁の上に置いて少し温める。

9
アサリの出汁は、アサリを白ワインで蒸して煮詰めたもの。ない場合は、アサリの缶詰の汁やクラムジュースなどで代用可能。

15
冷めた状態のフライパンを別で用意し、バターを入れる。

How to Cook

16
トッピング用の牡蠣に軽く薄力粉をまぶす。

22
14のボウルにパスタを入れる。

17
フライパンに火を点け、バターが沸々とするまで火を入れる。

23
弱火を点けて少しだけボウルに火が当たるようにしながら、卵液とパスタを素早く混ぜる。

18
フライパンに牡蠣を入れて両面に焼き色がつくように炒める。

24
ソースも残さず皿に盛り付ける。

19
ゆで上がったパスタを13のフライパンに入れ、中火で一気にアサリ汁を絡めるように混ぜる。

fin
バターで炒めたトッピング用の牡蠣をのせて完成。

20
パスタにオイルソースを絡めたら火を止め、九条ネギの青い部分を入れる。

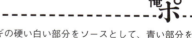
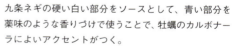

九条ネギの硬い白い部分をソースとして、青い部分を薬味のような香りづけで使うことで、牡蠣のカルボナーラによいアクセントがつく。

21
ピュアオイルを少し足し、余熱でパスタと絡める。

Interview

温度感と水分バランスを絶妙にする
経験とひと手間を大切に

　カルボナーラの本場であるローマで、現地の人とカルボナーラの話をすると、彼らなりのこだわりが強いのがわかります。豚のほほ肉じゃなければカルボナーラじゃない、細麺を使ったらローマ風じゃない、卵黄以外のものを入れたらダメだ、パルミジャーノを入れたらトスカーナに行け、とかね（笑）。ローマっ子は日本の下町育ちの江戸っ子っぽくて、本物へのこだわりが強いと感じました。だけどイタリアの他の州では、わりと自由で好きなように作っていると思います。

　僕がローマで修業していたお店で初めてカルボナーラを作ったとき、水分がなくなってしまって……。教えてもらった通りにやったんですが、「レストランでは水分の微調整をやるんだよ。お前のは家庭料理だ」って。「だったら先に言ってよ〜」と思いましたが、この苦い経験がいまに生きていますね。

　イタリアでは「tiepido（ティピエド）」という言葉があります。直訳すると「常温の」「人肌の」という意味なんですが、冷たいと温かいの間の温度が最も味を感じるという考え方があって、その温度を目指して料理を作っているんです。でも、日本では冷たいか熱いかが大事だったりするので、イタリアよりも温度感が難しいと思います。これを調整するのが水分量なので、今回のカルボナーラもローマ風をベースにしながら日本に合ったアレンジを僕なりに加えている感じですね。

　水分に関しては、仔牛と鶏ガラを煮詰めたブロードを使ったり、アサリを白ワインで蒸したものを煮詰めた出汁を使ったりしましたが、うま味を凝縮させたものを使うことで、水分量を極力増やさずに作ることができます。水分が多くなるとどうしても火入れ時間が長くなって、カルボナーラの卵感が損なわれてしまいますから。ただ、あまりにも水分がないとパスタと卵液がうまく混ざらないし、出来上がりの温度も冷めやすくなります。この微調整が難しいですが、カルボナーラはチーズと卵黄を使っているので、生クリームを入れなくても水分量の調整さえできればクリーミーなパスタに仕上がると思います。

　アレンジレシピは本当に基本のレシピをアレンジしたという感じで、本来魚介系のものとチーズは合わせないんですけど、牡蠣のヨード香と羊のペコリーノの相性が意外とよかったので作ってみました。牡蠣を主役にしたかったので、ペコリーノは基本のレシピの半量にしています。牡蠣とグアンチャーレの組み合わせもちょっとジャンキーさが出ますが、おいしいので組み合わせとしては悪くないですね。イタリアも郷土料理だと海のものと山のものを合わせることはあまりしませんが、創作料理となればあまり気にせず使っているところが多いと思います。

　九条ネギの白い部分と青い部分を使い分けたり、トッピング用の牡蠣をバターでソテーしたり、それぞれの食材のよさを引き出すように調理することで、味わいにアクセントや驚きが加わります。ぜひ、この辺りもご家庭で試してみてほしいですね。

Tool

a.チーズグレーターはマイクロプレイン製　b.レードル　c.トング　d.包丁は修業時代から使っているものをずっと愛用している　e.ペッパーミルはIKEDA製

Pasta alla carbonara 11

フライパンのみで作り上げる手打ちパスタのカルボナーラ

Chef Masuya
桝谷周一郎

ingredients

材料 1人前

パンチェッタ	30g
パルミジャーノ・レッジャーノ	10g
卵黄	1個
水（調理用）	20ml
水	2L
塩	20g
パスタ	80g
EXVオリーブオイル	30ml
生クリーム	40ml
黒コショウ	適量

Pasta
小麦粉と卵だけで作った手打ちのタリアテッレ。タリアテッレはイタリア北部でよく使われる平打ちパスタ。

How to Cook

お湯の塩分濃度 **1%**

1
岩塩を使うことで
まろやかな塩味に

パスタをゆでるときは岩塩を使用。岩塩のミネラルで塩味がきつくならない。

パンチェッタの切り方 **短冊切り**

2
食感が残るように
少し厚めに切る

パンチェッタは肉感を楽しめるように、厚めの短冊切りにする。

3
パンチェッタの
オイルを引き出す

冷めたフライパンにパンチェッタを入れ、ゆっくりと中のオイルを引き出していく。

How to Cook

4

EXVオリーブオイルで
オイルを出しやすくする

EXVオリーブオイルを足して弱火にかける。オリーブオイルがあることで、パンチェッタのオイルが出やすくなる。

5

カリカリになるまで
弱火で炒める

パンチェッタは表面がカリッとしてくるまで、弱火でじっくりと炒める。

6

余分なオイルは
取り除く

==パンチェッタがカリカリになったところで、余分なオイルは取り除きます。オイルの量が多いとしつこくなってしまうのでここで調整します。==

7

ゆで汁を使わず
水で十分

火を止めたフライパンに水を足してオイルソースを作る。パンチェッタのうま味と塩分があるので、ゆで汁は使わない。

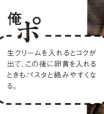

俺ポ

生クリームを入れるとコクが出て、この後に卵黄を入れるときも、パスタと絡みやすくなる。

8

コクとまろやかさを出す
生クリームを入れる

フライパンの火は消した状態で、生クリームも加える。

How to Cook

9
フライパンのソースを
弱火で煮詰める

火を点けて弱火にし、生クリームの入ったソースを少し煮詰めたら火を止めておく。

パスタのゆで時間
2min

10
冷凍して寝かせた
手打ち麺をゆでる

冷凍した状態の手打ちパスタをかたまりのまま沸騰したお湯に入れる。

11
たっぷりのお湯で
麺を泳がすようにゆでる

トングでやさしくパスタをほぐしながらゆでます。平たい手打ちパスタのため、ゆでる時間は2分と短めです。

12
ゆで上がったパスタを
ソースと合わせる

火が点いていない状態の9のフライパンに、ゆで上がったパスタを入れる。

13
パルミジャーノは香りよりも
コクと塩味で使用

卵の風味を残すためにパルミジャーノはブロックを削って入れるのではなく、あえて粉状になったものを使用。

How to Cook

14
卵黄を直接
フライパンに入れる

ボウルなどで卵液を作るのではなく、フライパンに卵黄を入れる。

15
フライパンで
具材を一体化する

フライパンを弱火にしてパルミジャーノと卵黄を混ぜながらパスタに絡め、ソースが少し残るくらいで火を止める。

16
挽き立ての
黒コショウは多めに

皿にパスタを盛り付け、ペッパーミルで挽き立ての黒コショウを振りかけて完成。

俺ポ

ボウルで卵液を作って混ぜるというやり方もあるが、使用する卵が卵黄1個ということもあってフライパンの中で十分混ざるので問題ない。

Arrange
金華ハムのうま味をきかせたカルボナーラ

材料 1人前

金華ハムペースト	15g
パルミジャーノ・レッジャーノ	15g
卵黄	1個
水	2l
塩	20g
水（調理用）	10ml
パスタ	80g
バター	10g
生クリーム	15ml
黒コショウ	適量

藤屋の「金華火腿醤」。中国浙江省の金華火腿の風味とうま味をミンチにし、さらに老鶏でとったスープを加えて練ったペースト状の調味料。パンチェッタの代わりに使用する。

1
冷めたフライパンにバターを入れ、弱火にかけてゆっくりと溶かす。

2
バターは完全に液体状にする。

3
バターの泡がしずまったら、金華ハムペーストをパンチェッタの代わりに入れる。

How to Cook

4
金華ハムペーストとバターを混ぜたら火を止める。

10
ゆで汁は使わず、水を入れる。

5
手打ちのタリアテッレを2分ゆでる。

11
水を入れたところでフライパンに火を点け、弱火でパスタを混ぜ合わせる。

6
火の点いていない**3**のフライパンに、ゆで上がったパスタを入れる。

12
少しソースが残るくらいで火を止め、味見をして塩気が足りないときは金華ハムペーストを足す。

7
フライパンに生クリームを加える。

13
金華ハムペーストが全体になじむように混ぜて器に盛る。

8
卵黄を加える。アレンジレシピの卵黄は烏骨鶏卵を使用。

fin
パルミジャーノを削りかけ、黒コショウも振りかけたら完成。

9
火が点いていない状態で、菜箸で軽くパスタとソースを混ぜる。

俺ポ

基本レシピと食材はあまり変化がないように見えるが、チーズを粉状からブロックにしたり、EXVオリーブオイルの代わりにバターを使ったり、この小さな変化でアレンジならではのカルボナーラが出来上がる。

Interview

引き算とライブ感を大切にしながら
老若男女に愛されるシンプルな料理がゴール

　カルボナーラを初めて食べたのは、16歳くらいのとき。イタリアではなくフランスで食べました。最初に修業に入ったのがフランス料理なんですが、ヌイユというフェットチーネのようなパスタを使って、先輩が作ってくれたんです。卵は入っていなかったですが、バターとチーズを入れたものでした。それがめちゃくちゃおいしくて。これがイタリア料理のカルボナーラを元に作ったものだと聞いて、銀座にある「あるでん亭」というお店に食べに行ったんです。もちろんそこでは卵もしっかりと入ったカルボナーラが出てきて、感動するくらいおいしかった。

　実は料理の世界に入るまで、チーズが苦手だったんですよ。苦手なものが好きになったきっかけのパスタが、カルボナーラだった。カルボナーラって子どもも好きじゃないですか。子どもがおいしいと思うものは、大人もおいしいと思うというのが僕の中にはあって、子どもに寄り添った料理を作りたいなって思ってるんです。子どもが食べられれば、お年寄りも食べられますからね。つまり老若男女が食べられることをイメージしてカルボナーラを作るから、僕が作るのは驚くくらいシンプルなカルボナーラになっているんじゃないかな。

　僕の料理がシンプルなのにはもう1つ理由があって、師匠から「足し算をするな」ってずっと言われていたんですよ。料理をしているとこれも入れたい、あれも入れたい、といろいろと加えたくなる。でも「それは引いていけ、料理は引き算だ」って。その後、ローマで修業していたシェフのもとでも修業しましたが、その人も本当に何の仕込みもしない。「acca」の林冬青さんも仕込みはしますけれども、ガッツリの仕込みはしない人で、お客様が来てからやるんです。フレッシュな食材でどれだけ勝負するかというライブ感が好きだったんですよ。

　だから、僕のカルボナーラはフライパンの中で完結する。卵液をボウルで混ぜることはしないで、フライパンでチーズも卵も一気に混ぜて調理を終える。調理時間も短くて、洗い物も少ないから一石二鳥です（笑）。

　イタリアでの修業経験はありませんが、もちろん本場でカルボナーラを食べたことはあります。カルボナーラ発祥の店というようなところで食べたのですが、カリッカリのグアンチャーレとパサパサのパスタで「なんだ、これ」っていうようなカルボナーラだった。最後はナイフでパスタを切りながら食べて、ちょっと衝撃でしたね。その後もあらゆる季節にイタリア全土を周って食べ歩きはしましたけれど、いいと思ったことだけを自分に取り入れていくというのを続けました。そのいいところをエッセンスとして取り入れながら、足すのではなく、これまでの経験を踏まえてあえて引き算をしてシンプルな料理にして出す。これが僕の今の形ですね。

　今回、アレンジレシピもとてもシンプルな食材で、基本のレシピとそれほど変わりのないものを用意しました。だけど基本のほうはパルミジャーノは粉状のものを、アレンジは少しだけ風味をきかせたいので最後にブロックの削り立てを使うなど、ちょっとした違いで驚くほど味わいが変わるのを実感していただきたいなと思います。

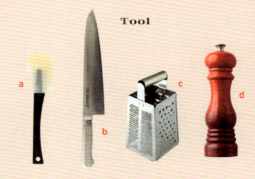

Tool

a.ゴムベラ　b.包丁は貝印の「ADMAIRE」　c.四面チーズ卸器
d.ペッパーミルはル・クルーゼ製

101

Pasta alla carbonara 12

自家製のこだわりパンチェッタと卵のうま味たっぷりのカルボナーラ

Chef Naoi
直井一寛

ingredients

材料 1人前

パンチェッタ	60g
パルミジャーノ・レッジャーノ	10g
ペコリーノ・ロマーノ	4g
卵黄	2個
卵白	1/2個
水	3L
塩	30g
パスタ	70g
ブレンドオイル	5ml
生クリーム	15ml
タマネギ	50g
黒コショウ	適量

Pasta
DE CECCO
太さ1.9mmのブロンズダイス製法のパスタ。太麺タイプで噛み応えがある。

Egg
黄身の鮮やかさが目を引き、甘味が強くて卵特有の生臭さがない「那須御養卵」を使用。

自家製パンチェッタ。2%の控えめな塩で10～14日ほど塩漬けにして乾燥させたもの。

How to Cook

パンチェッタの切り方
短冊切り

1

パンチェッタを短冊状に切る

しっかり味わえるように少し大きめの短冊切りにする。

2

オイルを入れてパンチェッタを炒める

フライパンにブレンドオイルとパンチェッタを入れ、最初は中火、その後は弱火で炒める。ブレンドオイルはEXVオリーブオイルとヒマワリオイルをブレンドしたもの。

3

カリカリになりすぎないところまで炒める

自家製パンチェッタのうまさをしっかり味わうために、少し大きめに切って、程よい硬さになるまで炒めるのがポイントです。

How to Cook

4
パンチェッタを半分取り出す

トッピング用にパンチェッタを半分取り出し、余分なオイルを取り除く。

5
タマネギを入れて炒める

薄切りにしたタマネギを入れて、パンチェッタと一緒に炒め味のつなぎ役にする。

俺ポ
水分を入れることで、パンチェッタとタマネギを炒めたうま味が合わさったソースになる。

6
ゆで汁ではなく水を加える

パンチェッタに塩分があるため、ゆで汁ではなく水を加えてうま味を出す。

お湯の塩分濃度
1%

7
控えめな塩分濃度にする

パンチェッタで塩味が足されるため、塩分濃度は1％と控えめに。

パスタのゆで時間
メーカー推奨
12min
■aoi
9min

8
ゆで時間は少し短めが目安

ゆでムラが出ることがあるので、9分くらいでゆで上がり具合を確認し、硬めにゆでる。

9
生クリームと卵を入れて混ぜる

ボウルに生クリームと卵黄、卵白を入れてフォークで混ぜる。

10
パルミジャーノを入れてさらに混ぜる

パルミジャーノのダマがなくなるまで、よく混ぜる。

11
ゆで上がったパスタをフライパンに入れる

パンチェッタのうま味をしっかりパスタに吸わせます。ここに時間をかけるために、あえてパスタは硬めにゆでます。

12
卵液のボウルにパスタを移す

うま味を吸わせたパスタを **10** のボウルに入れる。

13
ボウルを温めながらしっかり混ぜる

弱火でボウルを直火にかけながら、素早く混ぜる。

How to Cook

14

液体が少なくなるまで和える

時々火から離して温度が上がりすぎないように気をつけながら、液体が垂れなくなるところまで火入れする。

15

ボウルで仕上げたパスタを皿に盛る

温めた皿を用意し、ボウルで仕上げたパスタを皿に盛り付ける。

16

パンチェッタを散らす

取っておいたパンチェッタをパスタの上にのせる。

17

2種のチーズを削りかける

チーズグレーターを使って、パルミジャーノとペコリーノのチーズ2種を削りながらかける。

fin

黒コショウをミルで挽きかける

粗く挽いた黒コショウをふりかけて完成。

Arrange
レモンが爽やかに香る魚介のカルボナーラ

手打ちパスタは卵を使った平打ちのフェットチーネ。セモリナ粉を20%加えた小麦粉を使用。

材料 1人前

エビ	2尾
イカ	1/4杯
ホタテ	1個
パンチェッタ	35g
パルミジャーノ・レッジャーノ	10g
卵黄	2個
水	3L
塩	30g
パスタ	70g
ブレンドオイル	5ml
レモン汁	適量
生クリーム	15ml
タマネギ	40g
黒コショウ	適量

1 パンチェッタを短冊切りにする。

2 ブレンドオイルを少量入れて、弱火でパンチェッタをカリカリになりすぎないところまで炒める。

3 余分なオイルを捨てて、薄切りにしたタマネギを加えて軽く炒める。

How to Cook

4
フライパンを火から外して、エビ、ホタテ、イカを入れ、弱火にして少し炒めたら水を50mlほど入れ火を入れる。

5
エビ、ホタテ、イカを取り出す。生食できるものを使っているため火の通しは軽くていい。

6
ゆで汁に塩を入れる。塩分濃度は1%。

7
パスタをゆでる。自家製麺のため、ゆで時間は2〜3分くらい。

8
フライパンに水を50mlほど入れ、パンチェッタのうま味を出す。

9
ボウルに卵黄、生クリーム、パルミジャーノを入れてフォークで軽く混ぜる。

10
フライパンに**4**の魚介を戻し、ゆで上がったパスタを入れ、パンチェッタと魚介のうま味をしっかり吸わせる。

11
フライパンの中身を卵液の入ったボウルに入れ、ゆで汁を40mlほど足し、ボウルを直火にかけながら混ぜてとろみをつける。

fin
パルミジャーノとレモンの皮をすり下ろし、黒コショウを振る。

俺ポ
食べる途中に味変でレモン汁をかけると、より爽やかなおいしさを楽しめる。

Interview

フライパンの素材によって
火入れの方法を変えて欲しい

　私にとってカルボナーラは特別で、料理人を目指してる頃に、最初においしいと思ったパスタのうちのひとつだったんです。トマトソースはそんなに技術がいる訳じゃないんですけど、カルボナーラってなると火加減が難しい。自分が料理人を始めた30年前ぐらいはそれを動画で教えてくれるところもなかったし、自分で食べに行ったり実際に現場に行って教わるしかなかったんで、難しかったですね。そこが原点のパスタかなと思います。カルボナーラはローマでも食べたんですが、個人的には少しパンチェッタが主張しすぎかなーって感じました。20年前に行った自分の時代にはもうすでにボソボソのカルボナーラではなくて、本当にクリーミーなパスタになっていました。ただちょっとパンチェッタやグアンチャーレの塩気が強すぎて。おいしいんですけど、まあ自分が目指すものとちょっと違うのかなと。イタリアならいいと思うんですけど、日本でお店をやるんだったら、日本人がおいしい、そして何より自分が作っておいしいと思うものにしたくて、今の形になりました。

　パンチェッタは自家製で、塩は2％くらいにしています。少し砂糖も入れています。冬場だと2週間くらい、夏場だと10日間くらい塩漬けにします。夏場だと10日くらいですね。塩漬けした後は網の上に置いて乾燥させます。最初の水分が多いときは、お店の風通しのいいところで1日くらい乾燥させて、後は様子を見ながら冷蔵庫で乾燥させます。そのまま焼いて食べても、おつまみとしてワインが飲みたくなるような状態を目指しています。そのほうがいろんな料理に使いやすいんです。

　あと、私のカルボナーラの特徴的な部分は、途中で加えるのがゆで汁ではなくて、水ということですね。そのときの状況にもよりますが、パンチェッタのうま味とかチーズのうま味にフォーカスしたいので、基本的にあんまり塩を使わないんですよ。今回は一度も塩を振ってないですよね。ちょっと足りないなと思ったら、ゆで汁を使うこともありますけどね。もしパンチェッタがイタリアのものだったら今回のアレンジのようにゆで汁を入れるとしょっぱくって食べられないものになると思います。

　カルボナーラの一番のポイントは、卵のおいしさと火加減です。火入れのときにアルミのフライパンを使わずボウルを使ったのは、火加減を丁寧に調節したかったから。湯煎だと底が全部ベタって当たるところを、直火だと部分的に当てられるので調整しやすいです。

　あとは、アレンジでレモンを使ったのも今回のポイントかもしれません。意外かもしれませんが、魚介を使わないとしてもカルボナーラにレモンの酸味って合うんです。たとえば冷凍食品のカルボナーラってあるじゃないですか。あれにレモンスライスを上に乗せてレンチンして食べてみてください。レモンがクタっとなって、香りもよくておいしいんです。自分で作るときは、レモンを最初からかけてもいいですし、最初はかけないで途中で味変するのもいいでしょう。後味がさっぱりしておいしいですよ。ぜひ、さまざまなカルボナーラにチャレンジしてみてください。

Tool

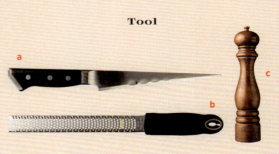

a.包丁はグレステン製　b.チーズグレーターはマイクロプレイン製　c.ペッパーミルはPEUGEOT製

Pasta alla carbonara 13

自家製グアンチャーレの上品な塩気と
うま味が詰まったカルボナーラ

Chef Jinbo
神保佳永

ingredients

材料 1人前

グアンチャーレ	15g
ペコリーノ・ロマーノ	10g
パルミジャーノ・レッジャーノ	10g
卵黄	2個
水	50ml
水（ゆで汁用）	5L
塩	50g
パスタ	70g
EXVオリーブオイル	30ml
黒コショウ	3g

自家製グアンチャーレ。茨城県のブランド豚「常陸の輝き」のほほ肉を、1.1%の塩とハーブとともに軽く燻製し2週間熟成させたもの。

Pasta Voiello
100%イタリア産のアウレオ種の小麦を使用した、ナポリの伝統的な1.9mmの太麺タイプのパスタ。

How to Cook

お湯の塩分濃度 **1%**

1
後で調整できるように 1%の塩分濃度に

グアンチャーレから出る塩などで調整したいため、塩分濃度は1%と控えめにしておく。

パスタのゆで時間
メーカー推奨 **8min**
Jinbo **8min**

2
太麺のパスタは 標準ゆで時間でOK

太いパスタは中まで火が通るのに時間がかかるため、メーカーの推奨ゆで時間くらいがちょうどいい。

グアンチャーレの切り方 **短冊切り**

3
グアンチャーレは 厚切りで肉感を残す

市販のグアンチャーレに比べて塩味は控えめのため、少し厚めの短冊切りにして肉感を残す。

How to Cook

4
グアンチャーレは
中火から弱火にして炒める

冷めたフライパンにグアンチャーレを入れ、オリーブオイルを加えて、最初は中火で炒め、焼ける音がしてきたら弱火にする。

5
黒コショウは
挽かずにつぶす

コショウの香りが立つように、肉たたき器でつぶして使う。

6
焼けたグアンチャーレは
別皿に取り出す

グアンチャーレからオイルがしみ出たらフライパンの火を止める。グアンチャーレはトッピング用に別皿に取っておく。

7
オイルソースのベースを
作っていく

グアンチャーレのオイルが残ったフライパンに黒コショウを入れ、水を足します。グアンチャーレの塩味があるので、ゆで汁は使いません。

8
2種類のチーズを削って
準備をしておく

ペコリーノとパルミジャーノが2:1になるようにチーズグレーダーで削っておく。

9
ゆで上がったパスタを
うま味オイルと合わせる

ゆで上がったパスタを**7**のフライパンに入れ、ゴムベラで軽く混ぜる。オイルソースはかなり残った状態でOK。

10
混ぜた卵黄を
パスタと合わせる

卵黄をボウルに入れて混ぜ、フライパンに加えてパスタと合わせる。このときはまだフライパンに火を点けない。

11
卵黄がパスタと
混ざったところで点火

火を点けた瞬間から卵に火が入っていくため、パスタと卵黄を混ぜてから弱火にかける。

俺ポ
卵液が固まりそうな温度になってきたら、すぐに火から外し、ある程度温度が下がったら、また弱火にかける作業を繰り返す。

12
卵液の火入れは
慎重に調理する

フライパンの中が高温になってきたらいったん火から外し、余熱でソースを混ぜる。その後温度が下がってきたら、再び弱火にかける。

13
ソースが重たくなったら
火から外す

ソースにとろみがついて重さを感じたら、いったん火から外す。

How to Cook

14
2種類のチーズと
オリーブオイルを追加

8のチーズと、オリーブオイルを少々加えて、風味とまろやかさを出す。

15
最後に少しだけ
火にかける

食べる人への提供時間も考えて、最後に少しだけ火にかけてソースの温度を上げます。

16
盛り付けは
素早くきれいに

パスタを皿に盛り、トッピング用のグアンチャーレをパスタの上にのせる。

17
ペコリーノと
黒コショウを振る

ペコリーノをパスタに削りかけ、つぶした黒コショウも振りかける。

fin
仕上げに上質な
オリーブオイルを

最後にフレッシュなオリーブオイルをかけて完成。

Arrange
生ハムの冷製カルボナーラ

材料 1人前

パンチェッタ	10g
生ハム	10g
パルミジャーノ・レッジャーノ	10g
卵黄	1個
水	5L
塩	50g
パスタ	30g
EXVオリーブオイル	30ml
生クリーム	50ml
黒コショウ	3g

Oil
GONNELLI
エキストラバージンオリーブオイルノヴェッロ

イタリアで最も歴史ある高品質なEXVオリーブオイルの、初摘みオリーブを使ったフレッシュタイプ。

Pasta
DE CECCO

太さ0.9mmの細麺タイプのカッペリーニを使用。

1
冷めた小鍋に短冊切りしたパンチェッタとオリーブオイルを入れ、弱火でじっくりと炒める。

2
パンチェッタのうま味オイルが出て表面がカリッとしたら火を止める。

3
パンチェッタをいったん取り出す。

How to Cook

4
小鍋の温度を下げるため、濡れ布巾の上に置く。

10
パスタを1分30秒ゆでる。メーカー推奨のゆで時間よりも30秒早く上げる。

5
温度が下がった小鍋に生クリーム、卵黄を入れてゴムベラで軽く混ぜる。

11
9のボウルに、3のパンチェッタをみじん切りにして入れる。

6
弱火にかけて、ゴムベラでかき混ぜながら火を通す。温度が上がってきたら小鍋を火から外し、落ち着いたら火にかけるを繰り返す。

12
ゆで上がったパスタを冷水に入れて締める。

7
小鍋の底に線が出るくらい卵液が固まってきたら火を止める。

13
パスタの水気をよく絞ってからボウルに入れよく混ぜる。味見をして塩が足りなければ足す。

8
パルミジャーノを削りながら入れる。

fin
皿に盛り、パルミジャーノと黒コショウを振りかけ、生ハムを上にのせて、最後にオリーブオイルをかける。

9
氷水の上にボウルを置き、8の卵液を冷やす。

俺ポ

アレンジはカッペリーニの細麺を使うため、塩味が強いペコリーノは使わない。生クリームを入れると卵が固まりにくくなるため、落ち着いて火入れすることができる。

Interview

食材や調味料のよさを最大限に生かしながら
うま味が調和した最高の料理を目指す

カルボナーラを最初に食べたのは、イタリア料理の専門学校に通っていた頃です。もともと自分が好きな味だったので、すごくおいしいソースだなって思いましたね。

でもイタリアでは食べたことがないんです。リストランテで出す料理ではないので、本場のちゃんとした思い出はなくて。イタリアでの修業時代にイタリア人が作ったまかないのカルボナーラは食べたことはありますけど、結構しょっぱかったですね。だから僕のカルボナーラは日本で食べたものがベースになっています。卵の風味であったり、コショウの風味であったり、チーズの塩味などがそれぞれちゃんと感じられるパスタ。そういう自分がおいしいと感じるカルボナーラを作っています。

カルボナーラは火加減が難しいですね。特に家庭で作るときは、火の調整がより難しいと思います。僕は卵液を火にかけてからは、ゴムベラを使って空気を含ませるように撹拌しながら火を通しています。そして、温度が高くなったと思ったら火から外して、撹拌を続けながら余熱で火を通す。温度が上がりすぎてしまったら、フライパンを濡れ布巾の上に置いて温度を下げるのもおすすめです。これであまり焦らずにすみますから。

卵は静岡県の「福が、きた」という放し飼いされた鶏のおいしい卵を使っていますが、それでも卵はちゃんと火を通さないと卵の臭みが出てしまいます。だから、しっかり撹拌しながら鍋底に膜を張るくらいソースの濃度を上げるイメージで火を通してほしいですね。

使用したパスタは基本のカルボナーラが1.9mmで、アレンジが0.9mmと対照的なものを使いました。アレンジは冷製にしたから細いカッペリーニを選びましたが、本来なら1.9mmくらいの太いパスタのほうがカルボナーラには合うと思います。イタリアではショートパスタと合わせることが多いですし、ロングであれば太いほうが濃いソースをキャッチ

してくれます。

グアンチャーレは国内でおいしい豚のほほ肉が手に入るので自分で作っていて、寒い時期に一気に仕込みます。塩は1.1%くらいなので、イタリアのグアンチャーレと比べると塩味はかなりやさしめ。ハーブも使って軽く燻製をしているので香りもいいです。僕のお店ではカルボナーラはメニューとしては出していないので、このグアンチャーレはトマトパスタなどによく使います。今回ご紹介した基本レシピで市販のグアンチャーレを使う場合は、ちょっと量を減らしたほうがよいと思います。自家製のグアンチャーレでも、カルボナーラはチーズなど塩分のある食材も加えるので、最終的な塩加減がどれくらいになるかを考えるのが大切です。今回のようにゆで汁は使わずに水を使ってオイルソースを作るなど調整しないと、かなり塩辛く仕上がってしまいます。食材や調味料のそれぞれが持つ風味や個性を最大限に生かして料理をしたいと思っているので、塩味もマイルドで心地いいと感じるくらいを常に意識しています。

失敗をしたくないというのであればアレンジレシピで使ったように、生クリームは有効ですし、ゴムベラで卵液をよく混ぜながら作るというのも失敗しづらくなると思います。

Tool

a.ゴムベラ　b.チーズグレーターはマイクロプレイン製
c.包丁はヘンケルスジャパン製　d.ピンセット　e.肉たたき器

Pasta alla carbonara 14

もっちりとしたショートパスタと
クリーミーソースが相性抜群のカルボナーラ

Chef Ropia
シェフ ロピア

ingredients

材料 1人前

パンチェッタ	30g
グアンチャーレ	15g
パルミジャーノ・レッジャーノ	25g
卵黄	2個
水	2L
塩	20g
パスタ	80g
EXVオリーブオイル	10ml
黒コショウ	適量

Pepper
MARICHA
ネロ・ディ・サラワク
イタリア人がこだわって作った、香り、味わいともに秀逸な黒コショウ。

Oil
PLANETA
エキストラバージンオリーブオイル I.G.P
シチリアを代表するワイナリー「プラネタ社」の香り豊かな I.G.P（原産地保護呼称）オリーブオイル。

Pasta
MANCINI
イタリア語で「半袖」という意味の太い筒状のメッツェマニケ。筋が入っているのでソースとからみやすい。

How to Cook

パンチェッタの切り方
短冊切り

1
肉感が残るように縦切りの短冊状に
パンチェッタは肉の食感が楽しめるように、少し太めの短冊切りにする。

グアンチャーレの切り方
細切り

2
グアンチャーレはうま味を引き出す役割

グアンチャーレはうま味を引き出すように調理するのがポイント。ガリガリするくらい火を通すのが好みなので、あえて細切りにカットします。

3
オイルがしみ出てくるように弱火でじっくり火を通す
フライパンにグアンチャーレを入れ、弱火にかける。いきなり強火にすると、オイルが出てくる前に焼き目がついてしまうので注意。

119

How to Cook

4
肉のオイルがしっかり出て
カリッとしたら取り出す

グアンチャーレからオイルがある程度出てきたら、少し火力を上げてカリカリした状態まで火を通す。カリッとなったら、キッチンペーパーの上に取り出しておく。

5
少量のオイルを足し
パンチェッタを炒める

グアンチャーレよりも脂身が少ないパンチェッタは、少量でいいのでEXVオイルを足して炒めます。香りづけの意味もありますが、このほうが肉からのオイルを引き出しやすくなります。弱火でじっくり火を通していきます。

お湯の塩分濃度
1%

6
塩分濃度1%のお湯で
パスタをゆでる

パスタをゆでる塩分濃度はペペロンチーノだと1.2%にしますが、カルボナーラは塩気の多い食材が多いため1%にして後で調整できるようにしておく。

パスタのゆで時間
メーカー推奨
11 min
Ropia
11 min

7
ショートパスタは
標準ゆで時間くらいでOK

太めの筒状のショートパスタは標準ゆで時間くらいがちょうどいい。アルデンテにしようと早く上げすぎると違和感の残る歯応えになることも。

8
パンチェッタは
肉感の残る焼き上がりに

パンチェッタはグアンチャーレよりもカリカリ度は抑え、肉感が残る程度に焼き上げたら火を止める。

9
冷めたフライパンに
卵黄を投入

パンチェッタの入ったフライパンが冷めたら卵黄を入れる。

10
ゆで汁を入れることで
なめらかなソースに

レードル半量（約40ml）ほどのゆで汁を入れて、パスタに絡みやすいなめらかな状態にする。

俺ポ
ゆで汁をうまく使うことで、生クリームを入れなくてもなめらかなソースになる。

11
アクセントの黒コショウは
多めに入れる

辛みだけではなく味わいのある黒コショウのため、少し量が多くてもアクセントとなる。

12
パルミジャーノを
削りながら入れる

濃厚なコクのあるパルミジャーノは、チーズグレーダーを使って削りながら入れて風味ものせる。

13
素早くソースを混ぜて
パスタと合わせる

フライパンに入れた卵液を混ぜ合わせたら、ゆで上がったパスタを合わせる。

How to Cook

How to Cook

14
生卵感をなくすために
少しだけ火入れする

混ぜ合わせた状態では生卵感があるため、中火で少しだけ火にかけて全体を素早く混ぜ合わせる。

15
食べる時間を考えて
ソースをチェック

火を止めた後にも卵が固まっていくため、そのことも考えてソースの濃さを確認する。

16
水分多めのソースで
口当たりのよさを出す

ソースが固まってきたら、少しゆで汁を加えるなどして調整する。

17
パスタを皿に盛って
最後の仕上げを

皿に盛ったら、仕上げにもパルミジャーノを削りながら振りかけ、黒コショウを散らす。

fin
グアンチャーレを
最後にトッピング

お菓子のようなカリカリした食感が楽しめるグアンチャーレを、最後に盛り付けたら完成。

Arrange
食感が残るタマネギのカルボナーラ

材料 1人前

タマネギ	50g
パンチェッタ	20g
グアンチャーレ	20g
パルミジャーノ・レッジャーノ	25g
卵黄	2個
水	2L
塩	20g
砂糖	少々
パスタ	80g
EXVオリーブオイル	10ml
黒コショウ	適量

Pasta
FELICETTI
パスタはFELICETTIのモノグラーノマットスパゲッティ1.78mmの太麺タイプ。

1 基本のレシピと同様にグアンチャーレを弱火でカリカリになるように炒める。パンチェッタも基本と同様に炒めておく。

2 炒めたグアンチャーレをキッチンペーパーに取り出し、グアンチャーレから出たオイルを大さじ1杯くらい残して後は取り除く。

3 再び火を点けて弱火にし、くし切りにしたタマネギを炒めて軽く砂糖を振る。

How to Cook

4
食感が残る程度にタマネギを炒めたら、皿に取り出しておく。

10
ゆで上がったパスタを入れて、少しゆで汁を加えながらソースがなめらかになるように調整しながら炒める。

5
パスタをゆで始める。標準ゆで時間が8〜10分に対し、少し早めの7分でゆで上げる。

11
ソースが少しフライパンの中で流れるくらいが仕上がりの目安。

6
炒めたパンチェッタが入ったフライパンの熱が取れたら、パルミジャーノを削りながら入れる。

fin
炒め終わったら皿に盛り、タマネギとグアンチャーレを上にのせ、最後にパルミジャーノ、黒コショウを振りかければ完成。

7
フライパンに卵黄を入れる。

俺ポ

タマネギに砂糖を振るのがポイント。水分を抜いて味を凝縮させる塩の役割とは違い、砂糖は保水させる力があるため、トッピングとして食感を残したいタマネギにはあえて砂糖を使用する。

8
フライパンの中の卵黄をトングで軽く混ぜ合わせる。

9
黒コショウを振り入れる。

Interview

日本人が求めるカルボナーラを
本場イタリアで食べて再確認

　カルボナーラは、グアンチャーレとペコリーノ・ロマーノ、黒コショウ、卵、これがマストな食材だと思うんですよ。ただ日本では、グアンチャーレやペコリーノ・ロマーノがいまはなかなか手に入らないというのもあって、パンチェッタとパルミジャーノ、黒コショウ、卵のほうがむしろスタンダードになっている感じがします。

　僕のカルボナーラではグアンチャーレとパンチェッタの両方を使いましたけど、パンチェッタは自家製です。本場イタリアのパンチェッタが入手できなくなったのでスペイン産のものを使ってみましたが、ちょっと違うなと感じて自分で作るようになりました。

　基本ではショートパスタを使いましたが、それはイタリアで実際にカルボナーラを食べたときにショートパスタを出す店が多いなと感じたからです。なので基本ではショート、アレンジではあえてロングパスタを使いました。卵は徳島県の「たむらのタマゴ」を使っていますが、カルボナーラは卵よりもチーズのほうが味わいに影響が出ると思います。日本人が食べやすいのはパルミジャーノやグラナパダーノかなと僕は考えるので、カルボナーラにはパルミジャーノを使ってます。黒コショウも重要な役割を担っていますが、とにかく挽き立てがおすすめです。専用のミルがなければ包丁で叩いてみじん切りするのもいいですね。

　日本ではよくカルボナーラに生クリームを入れるのはありかなしかで論争になったりしますけど、僕は今回のカルボナーラには使いませんでしたが、使うのはありだと思います。レストランでは作ってからお客様が口に運ぶまでが料理なので、そのときにクリーミーな状態で提供したいと思えば生クリームは有効です。本場では生クリームは使わない、邪道だという意見もありますが、食文化は時代とともに変化していくものなので、ある程度柔軟に捉えてもいいかなと思っています。例えばカルパッチョも本来は肉料理だったものを日本では魚を使ったりして、それがイタリアに逆輸入されて魚介のカルパッチョが食べられたりしていますよね。

　僕は料理人になるまでカルボナーラっていう言葉自体を知らなかったかもしれないというレベルでした。最初に修業をした店で食べたカルボナーラが初めてだったと思います。そこでは牛乳と生クリームの両方を使って、そこにチーズとブラックペッパーを合わせた卵液ソースを作って、ゆで上がったパスタと最後に合わせて完成という作り方でした。だから、そのときの作り方と材料がスタンダードみたいなイメージがありますよね。まろやかでクリーミーさを大事にしています。今回も僕はゆで汁を使ってなめらかでクリーミーに仕上げましたが、ゆで汁をもし入れすぎて水分量が多くなった場合は、チーズを多めに入れて調整することも可能なので焦らず試してみてください。家庭で作る場合は卵黄だけじゃなくて全卵でもいいんです。僕も家でカルボナーラを作るときは全卵を使うことが多いですよ。

　日本のカルボナーラと違って、本場イタリアのカルボナーラはパスタの麺はもっと太いですし、色も真っ黄色で水分量のないコッテリとした仕上がりが特徴。だからペペロンチーノと同じく、日本独自のカルボナーラが日本には浸透していると思いますし、自由に捉えて気軽に作ってみてほしいです。

Tool

a.包丁はZWILLINGの「MIYABI 5000MCD」 b.チーズグレーターはステンレス製　c.ペッパーミルは日本のIKEDA製

Pasta alla carbonara 15

パンチェッタの出汁がきいて
うま味のバランスが整ったカルボナーラ

Chef Yuge
弓削 啓太

ingredients

材料 1人前

パンチェッタ	25g
ペコリーノ・ロマーノ	25g
卵黄	2個
水	3L
塩	30g
パスタ	80g
EXVオリーブオイル	10ml
黒コショウ	2g

Pasta
MANCHINI

しっかりと噛み応えのある2.2mmの太麺タイプ。自社栽培のマルケ州小麦だけを使用。

How to Cook

お湯の塩分濃度
1%

1
塩をきかせるために
塩分濃度はやや高めに

しっかりと塩をきかせたいので、塩分濃度は1%くらいに。

パンチェッタの切り方
短冊切り

2
パンチェッタを
短冊切り

グアンチャーレよりもパンチェッタのほうが、肉のうま味がしっかり出てくるのでおすすめです。薄い短冊切りにすることで、中のオイルが溶け出しやすくなります。

パスタのゆで時間
メーカー推奨
12min
Yuge
11min

3
ゆで時間は
少し短めが目安

ゆでムラが出ることがあるので標準よりも1分前くらいにゆで上がり具合を確認する。

How to Cook

4
パンチェッタに
オリーブオイルを加え炒める

弱火でじっくりとパンチェッタを炒める。

5
肉たたき器で
黒コショウをつぶす

あえてミルを使わずつぶすことで粗く仕上がり、噛んだときに鼻から香りが抜けるようになります。

6
ボウルで卵黄と
ペコリーノを混ぜる

ボウルに卵黄を入れ、削ったペコリーノを加えて混ぜる。

7
ゆで汁を加えて
なめらかに

パスタを入れたときにダマにならないように、ゆで汁を15mlほど加えて、泡立て器でしっかり混ぜる。

8
炒めたパンチェッタに
黒コショウを加える

4に黒コショウを入れて、パンチのある辛さを忍ばせる。

How to Cook

9
パンチェッタを
半分取り除く

オイルが抜けてきたところで、キッチンペーパーの上にパンチェッタを半分取り出す。残りはカリッとするまで炒める。

> **俺ポ**
> パンチェッタの出汁のうま味と、この後に入れるチーズ、卵の味、それぞれがバランスよく仕上がることでおいしくなる。

10
残りのパンチェッタに
ゆで汁を加える

パンチェッタに30mlほどゆで汁を加えて出汁を取るように煮立たせ、うま味を出す。

> **俺ポ**
> 1本1本に卵とチーズがしっかり絡んでコーティングされるので、カルボナーラは太めの麺がおすすめ。リガトーニなどショートパスタでも◎。

11
パスタを入れ
パンチェッタと絡める

ゆで上がったパスタをフライパンに入れ、パスタに出汁を吸わせるような意識で、絡めてなじませる。その後火を消して、少し温度を下げる。

12
弱火にして
パスタと卵液を和える

弱火を点けて、フライパンに卵液を入れ、木ベラで混ぜ合わせる。卵黄に火が入りすぎると重くなるため、少し生感を残す意識で火を止め、あとは余熱で火を通す。水分はお湯又はゆで汁で調整する。

fin
最後のコショウは
ミルで挽く

取っておいたパンチェッタをのせ、チーズを削りかけ、黒コショウをミルで挽きながら振りかけて完成。

129

How to Cook

Arrange 1
マカロニで作る生ハムのカルボナーラ

材料 1人前

グラナパダーノ	20g
全卵	1個
水	2L
塩	20g
生ハム	25g
マカロニ（エルボ型）	50g
EXVオリーブオイル	10ml
黒コショウ	2g

俺ポ
エルボマカロニのCの形がポイント。日清製粉の「マ・マー サラダマカロニ」など、一般的なスーパーマーケットで買えるもので十分。

1
生ハムを細切りにする。

2
オリーブオイルを入れて、弱火で生ハムを炒める。

3
全卵とグラナパダーノを混ぜて卵液を作る。白身が入るため、ゆで汁は入れない。

4
鍋に塩を入れ、マカロニをゆでる。ゆでるときの塩分濃度は1%。

10
フライパンを火から外して、卵液を加えて和える。その後弱火を点けて、徐々にとろみをつけていく。少し緩めに仕上げるのがポイント。

5
2の生ハムにつぶした黒コショウを加えて炒める。最初から一緒に入れるとコショウが焦げるので注意。

11
お皿に盛り付け、取り出していた生ハムを上からまぶす。

6
パリパリとしてきたら、生ハムを半分取り出す。

12
グラナパダーノを削りかけ、黒コショウをミルで振りかけて完成。

7
フライパンに30mlほどのゆで汁を加えて、出汁を取るように煮出す。

8
マカロニは筒の中に水分が残るため、よく湯切りする。標準ゆで時間は8分だが、7分が目安。

9
ゆで上がったマカロニをフライパンに入れ、マカロニの筒の中に出汁が入っていくように和える。

俺ポ
マカロニは小さなラビオリのようで食感もおもしろいし、食べると筒の中からソースが出てきておいしい。

Arrange 2
二日目の贅沢カルボナーラサラダ

How to Cook

材料 1人前

キュウリ	適量
紫タマネギ	適量
ミニトマト	適量
パプリカ	適量
アレンジカルボナーラの残り	1人前
水	10ml
塩	適量
EXVオリーブオイル	10ml
白ワインビネガー	10ml
黒コショウ	適量

俺ポ
前ページで作ったマカロニのカルボナーラが余ったときの、再利用レシピを紹介。

1 冷蔵庫で冷やしたカルボナーラマカロニをボウルに入れ、白ワインビネガー、EXVオリーブオイル、水を加えよく混ぜる。

2 塩揉みした輪切りキュウリ、スライスしたタマネギ、細切りしたパプリカ、1/4にカットしたミニトマトを入れて和える。

3 塩、コショウを加え、味見をしながら味を整えて完成。

Interview

パリでの思い出から生まれた
新しくて家庭的なカルボナーラ

僕はイタリアでカルボナーラを食べたことがありません。パリで修業しているときに、お腹を満たすために自分で作って食べていたのがカルボナーラの思い出です。そのときに使っていたパスタがバリラで、それがバリラとの出会いでもあります。バリラのパスタは安くておいしくて、クオリティが高いという印象でした。同じ時期に、お店の賄いでよく出ていたのがゆでたマカロニをバターで和えているだけのパスタ。これが本当においしくて。今回のアレンジのカルボナーラはその思い出を形にしたものです。マカロニの使い方も含めて、僕らしいレシピができたと思います。

カルボナーラを作るうえで、僕が大事にしているところはバランスですね。今回のレシピだと、豚の加工品であるパンチェッタや生ハムのオイルのうま味とコショウのキレや辛み、卵とチーズのコクとうま味。それをパスタと和えたときの全体のバランスが大切なんです。カルボナーラはソースがしっかりしているのでパスタは今回のような2.2mmなど太めのものや、ショートパスタが理想的だと思います。お酒と一緒に楽しみたいなら、リガトーニがいいですね。しっかりとした食感で、ちびちびやるのに合っています。

食材でいうと、味のバランスに関わってくるのはまずはパスタ。その次にチーズ、そして卵の順番だと思います。あとポイントになるのはコショウですね。コショウはミルで挽くんじゃなくて、肉たたき器やフライパンの底などでつぶしたものを使うのがいいですね。香りが全然違うのがわかると思います。コショウはきちんと乾燥したものを使いましょう。

火加減が難しいと思うかもしれませんが、ポイントはとにかく慌てないことだと思います。火を通しすぎてしまっても、それはそれで楽しんで食べましょう。火を入れすぎずにクリーミーに仕上げたい場合は、火から離すタイミングなど加減が必要になりますが、その辺りは何度も作って経験を重ねるしかないです。僕らは卵がだいたいこのくらいの温度感で固まってくるというのがわかっているので、火が入り始めたらいったん火から外して冷まそうとか、もう少し火を入れようといった判断が感覚的にできます。僕はお菓子もよく作るんですが、カルボナーラはアングレーズソースなどを作る感覚と似ているんですよね。アングレーズソースも82〜83度まで温度を上げてとろみをつけていくんですが、温度計がなくても大体これくらいでとろみがつくというのがわかります。なかなか難しいですが、とろみがつかないからといって急に火力を上げたりせずに、焦らず徐々に火入れをすることが大事です。車や自転車の運転と同じように回数を重ねればわかってくると思いますよ。

カルボナーラって材料は比較的スーパーで買えるものばかりですし、仕込みが大変なわけでもなく、工程も多くないので家でも作りやすい料理ですよね。僕の紹介したレシピはできるだけ家庭でも真似しやすいということを意識して考えていますので、ぜひ作ってみてほしいです。一緒においしさや楽しさを共有できたらいいなと思います。

Tool

a.包丁はミソノ製　b.チーズグレーターはマイクロプレイン製　c.肉たたき器

Pasta alla carbonara 16

パスタ屋が本気で作る
最後までおいしさが続くカルボナーラ

Chef Pasta Cuore
Pasta クオーレ

トレハ塩
塩と、ジャガイモやトウモロコシなどのデンプンから作られる天然糖質のトレハロースを7：3で混ぜたもの。

北海道利尻産の昆布。肉厚で雑味のない澄んだ味わいが特徴。

Pasta MANCHINI
マルケ州のデュラム小麦を使用した、もちもちした歯応えのある1.8mmの太麺タイプ。

ingredients

材料 1人前

ベーコン	45g
ペコリーノ・ロマーノ	20g
全卵	3個
昆布水（ゆで汁用）	3L
岩塩	39g
トレハ塩	2g
パスタ	100g
EXVオリーブオイル	22.5ml
生クリーム	20ml
白ワイン	15ml
鶏のブロード	50ml
（ない場合はゆで汁）	
黒コショウ	5g
ニンニク	2片

How to Cook

ベーコンの切り方 拍子木切り

1 自家製ベーコンは大胆な厚切りに

自家製ベーコンは、リンゴウッドを使って80度で6時間スモークしたもの。もちろん市販のベーコンでもできます。

2 国産ニンニクを多めに使う

味わいが増すニンニクは、皮をむき芽を取ってみじん切りにする。ニンニクは国産のものを使う。

3 パスタは昆布水でゆでるのがポイント

北海道産の昆布を水に一晩つけたものを火にかけ、沸騰する直前に取り出す。

How to Cook

お湯の塩分濃度
1.3%

4
岩塩と昆布のミネラルで
うま味の詰まったゆで汁に

昆布水のゆで汁に岩塩を入れます。ミネラルが豊富で昆布のうま味がしっかりパスタに入るので、ソースが薄くてもバランスが取れます。

5
卵黄と卵白を
分けて使う

全卵3個を卵黄と卵白に分ける。卵黄2個は卵液に、残りの卵黄1個と卵白はトッピング用に使う。

6
ボウルで
卵液を作る

卵黄2個が入ったボウルに生クリームを入れ、ペコリーノをチーズグレーターで削り入れる。

7
ダマがなくなるまで
卵液をよく混ぜる

泡立て器を使って、ペコリーノのダマが残らないように卵液をよく混ぜる。

8
ニンニクを軽く炒めてから
ベーコンを加える

冷めたフライパンにニンニクを入れて弱火にし、香りが出るまで炒めたらベーコンを加えて、さらに炒める。

How to Cook

俺ポ
ブロードは、昆布のうま味が入ったゆで汁でも代用可能。

9
白ワインとブロード、トレハ塩を加える

ベーコンとニンニクにしっかり火が通ったら白ワイン入れてアルコールを飛ばし、鶏のブロードとトレハ塩を加えて火を止める。

パスタのゆで時間
メーカー推奨 **10**min
Okada **9**min**30**sec

10
パスタを昆布水のゆで汁でゆでる

パスタは硬めにゆでる。昆布水でゆでるからといって、ゆで時間には影響はない。

11
卵白をメレンゲ状に泡立てる

卵白はメレンゲになるまで泡立てる。電動の泡立て器を使ってもOK。

12
アルデンテのパスタをフライパンで仕上げる

硬めにゆで上がったパスタをフライパンに入れる。

13
フライパンをあおりながら混ぜる

フライパンを弱火にして、パスタ全体に絡むようにあおりながら素早く混ぜる。

How to Cook

14
フライパンの火を止めて卵液を入れる

フライパンの火を止めてから、**7**の卵液を入れる。

15
最後に素早く卵液に火を通す

フライパンを弱火にし、パスタに卵液が絡むように素早く混ぜながら火を通す。パスタと卵液が絡んだらすぐに火を止める。

16
トッピング用の卵黄をのせる

パスタを皿に盛り付け、中央を少し凹ませてトッピング用に取っておいた卵黄をのせる。

17
ホールのペコリーノを花びらのように削る

盛り付け用のペコリーノはジロールという道具で花びらのように削ったものをのせ、**10**のメレンゲをスプーンで形を整えながら盛る。

fin
黒コショウをたっぷりとかける

最後にミルで挽き立ての黒コショウを多めに振りかけて完成。

チーズを使わないホタテのカルボナーラ

Arrange

材料 1人前

生ホタテ（昆布締め）	100g
乾燥ホタテ	4粒
乾燥ポルチーニ	3g
カシューナッツ	10g
松の実	10g
全卵	3個
昆布水（ゆで汁用）	3L
岩塩	39g
トレハ塩	2g
パスタ	100g
EXVオリーブオイル	30ml
生クリーム	25ml
オレンジの絞り汁	80ml
魚醤（イワシ）	2.5ml
黒コショウ	5g
ニンニク（青森県産）	2片

BARBERA ロレンツォ no.3
完熟系のやわらかい味わいと、後味に少しスパイシーさも感じる有機EXVオリーブオイル。

1 2日間昆布締めにしたホタテを昆布から取り出す。外した昆布は基本と同じようにパスタのゆで汁の出汁として使う。

2 乾燥ホタテと乾燥ポルチーニは、2日かけてゆっくりと水で戻しておく。ポルチーニは戻し汁のみを使う。

3 水で戻した乾燥ホタテと乾燥ポルチーニの戻し汁を使い、フライパンで弱火でとろみがつくまで煮詰め、別容器に移す。

4 チーズの代わりをイメージして使うカシューナッツと松の実は、フライパンで乾煎りする。

5 4の粗熱が取れたものをミルグラインダーを使って粉状にする。

6 ホタテのマリネ液を作る。絞ったオレンジ果汁にオリーブオイルを加えてオレンジの皮を少量すり下ろしたら、よく混ぜる。

7

1のホタテを両面バーナーで炙って焼き目をつけ、ホタテ1個を3枚くらいになるように横にスライスする。

13

ニンニクとホタテが炒まったら、ゆで汁を50mlほど入れて軽く混ぜたら火を止める。

8

スライスしたホタテは6の搾り汁につけておく。

14

トッピング用に卵白3個を泡立ててメレンゲ状にしておく。

9

1の昆布を入れた水を火にかけ、沸騰直前で取り出す。そこに1.3％の岩塩を入れてパスタを硬めにゆでる。

15

ゆで上がったパスタをフライパンに入れて弱火にし、しっかりあおってから11の卵液を入れる。フライパンの底やフチに当たらないように、パスタの上にのせる。

10

ボウルに卵黄3個を入れ、5のカシューナッツと松の実、3の煮詰めた戻し汁、生クリーム、魚醤を入れる。

16

卵液がパスタによく絡むようにフライパンをあおったり、混ぜたりしながら弱火で火を通す。

11

泡立て器を使ってボウルの中のものをよく混ぜる。

fin

パスタを皿に盛り、炙ったホタテ、メレンゲをパスタの左右に盛り、最後にブラックペッパーを挽いてから入れて完成。

12

冷めたフライパンにニンニクのみじん切りを入れ弱火で軽く炒めたら、水で戻した乾燥ホタテを加えてニンニクと一緒に炒め、トレハ塩を振って味を整える。

俺ポ

ホタテのうま味が入った昆布をゆで汁にしたり、乾燥ホタテや乾燥ポルチーニの戻し汁を使うことで深みのあるカルボナーラになる。

Interview

ひと皿で勝負をするパスタ屋だからこそ
インパクトと最後まで飽きない工夫を凝らす

　コース料理などを提供するようなレストランでは、カルボナーラも複数の料理のうちのひと皿として提供されると思いますが、僕の店はパスタ屋なのでひと皿で満足してもらわないといけません。なので、ひと皿で満足する量で、最後までおいしく食べられる料理を目指しています。店で食べるランチだと、おしゃべりをしながらゆっくりと食べられるお客様もいらっしゃいますので、少々時間が経ってもおいしい状態が続くパスタを出す。このアプローチに辿り着くまでに、結構時間がかかりましたね。

　初めてカルボナーラを食べたのは高校生のときだったと思います。その頃はカルボナーラってまだメジャーではなかったんですが、近所のパスタ屋さんで食べたときに、おいしかったのと同時に「新しい切り口の料理だ」と感じました。そのときの衝撃がパスタ屋をやろうって決意した原点です。最初は兄が料理を作って僕がお客様に料理を出していたんですけど、いまは僕が料理を担当しています。だから、お店で出すメニューはいつもふたりでアイデアを出し合っていますね。アイデアを出すときも、ひと皿でいかにお客様に満足してもらえるかをふたりとも常に一番重要なポイントにしています。

　ゆで汁に昆布で出汁を取ったものを使っているのも、パスタにしっかりうま味がつくことでソースは素材の味で勝負できます。なので、旬の食材とも組み合わせやすくなってメニューも作りやすいんですよ。

　自家製ベーコンはお店のオンラインでも販売していますが、今ではすぐに売り切れてしまうほどの人気商品です。リンゴをすり下ろして、塩やスパイスを加えて豚バラ肉を漬けるんですよ。2日間塩漬けにして、「風乾」という乾かす作業をし、ラップをせずにバットで1日冷蔵庫の中に入れておく。そうすると表面が乾燥するので、その次の日にリンゴのチップで燻製にするんです。燻製方法には温度が低い順に「冷燻」「温燻」「熱燻」と3種類あるんですが、僕は「温燻」で作っています。温燻の温度というのは80度くらいで、それだと肉から脂が出ないので脂を封じ込めたまま仕上げられるんです。

　ブロードは鶏ガラとタマネギやニンジンなどの野菜を一緒に煮て、白湯スープのようにガンガン火を入れて煮詰めたものを使っています。パスタは水分量が大事なので、なるべく調理過程で入れる水分はシャバシャバにならないように少なくしたい。だから、かなり凝縮させた状態のものを入れています。

　カルボナーラって全卵を使うレシピと、卵黄だけを使うレシピがありますよね。全卵のほうは卵感を強く感じることができ、塩味の角を取ってくれるところが特徴です。でも火の扱いが繊細になってくるのでスピーディーな現場には不向きだと思います。そこで僕は白身は別でメレンゲにしてトッピングとして使うことで、全卵のカルボナーラのニュアンスも楽しめるようにしています。

Tool

a.包丁はグレステン・ジャパン製　b.キッチンバサミ　c.ピンセット　d.ゴムベラ
e.チーズグレーターはマイクロプレイン製　f.泡立て器

Pasta alla carbonara 17

太麺パスタに絡みつく濃厚でクリーミーなカルボナーラ

Chef Onishi
大西哲也

ingredients

材料 1人前

ベーコン	30g
パルミジャーノ・レッジャーノ	20g
卵黄	2個
全卵	1個
水	3L
塩	20g
パスタ	100g
EXVオリーブオイル	20ml
牛乳	15ml
生クリーム	15ml
黒コショウ	少々

Pasta
NEW-OKUBO

パスタに塩が練り込まれているため、ゆでるときの塩は不要。2.3mmの太麺で、もちもちとした食感が特徴。

Pepper
SELA PEPPER

カンボジア産の豊潤な香りと辛みのある黒コショウ。

How to Cook

お湯の塩分濃度
0%

1
お湯でパスタをゆで始める

パスタに塩が練り込まれているため、塩は入れずにパスタをゆでる。

パスタのゆで時間
メーカー推奨 **13min**
Onishi **13min**

2
超太麺タイプなので推奨通りゆでる

太麺タイプのパスタは、メーカー推奨のゆで時間くらいでちょうどいい。

ベーコンの切り方
拍子木切り

3
冷めたフライパンにオイルとベーコンを入れる

フライパンにEXVオリーブオイル、短冊切りしたベーコンを入れてから中火にかけ、ベーコンがカリッとするまで炒める。

How to Cook

4

卵液を
ボウルで作る

ボウルに卵黄と全卵を入れる。

俺ポ
卵を混ぜるときは、菜箸で白身を切るように混ぜる。

5

卵の白身を
切るように混ぜる

混ざりにくい卵白を切るようにしながら、よく混ぜ合わせる。

6

パルミジャーノも
一緒に混ぜる

粉状に削ったパルミジャーノも、ボウルに入れてよく混ぜる。

7

牛乳と生クリームも
この段階で加える

牛乳、生クリームもボウルに入れてよく混ぜる。

8

ダマになるようなら
ヘラなどに持ち替えて

ダマが残ってしまうときは、ゴムベラなどでダマをつぶしながら混ぜましょう。

How to Cook

9
ベーコンが
カリッとしたらOK

ベーコンに焼き色がついたら、トッピング用に取り出し、フライパンは濡れ布巾の上に置いて温度を下げる。

10
ゆで汁を加えてから
パスタを投入する

9のフライパンにゆで汁を50mlほど加え、ゆで上がったパスタを入れる。

11
火を点けないまま
卵液を加える

フライパンを火にかける前に、**8**の卵液も加える。

12
パスタと卵液を
軽く混ぜ合わせる

ざっくりと菜箸で、パスタと卵液を混ぜ合わせる。

俺ポ
弱火でソースを70度くらいにしていく。湯気が出てきたら50〜60度くらいになっている目安のため、火から下ろしたりして一気に温めるのではなく徐々に温度を上げていく。

13
一気に温度を上げないで
徐々に加熱する

弱火にして、ソースにゆっくりと火を通してとろみをつけパスタと絡めていく。

How to Cook

14
ソースを絡めたパスタを皿に盛り付ける

ソースにとろみがついてきたら手早く盛り付けます。予熱でもソースが固まっていくため、ゆるいくらいで盛り付け始めることが大事です。

俺ポ
水分の多いソースはなめらかなクリーム状にすることで、味わいも優しく温かい状態が続く。

15
クリーミーソースも残さず盛る

クリーミーなソースは温度を下げない効果もあるため、残さずにパスタの上にかける。

16
トッピング用にベーコンを散らす

取っておいたトッピング用のベーコンをパスタの上に散らす。

17
ミルで挽きながら黒コショウを振る

ミルで挽き立ての黒コショウを上からたっぷりと振りかける。

fin
おろし器を使って追いチーズ

おろし器を使って、パスタの上にパルミジャーノを削りかけて完成。

Arrange
柿のカルボナーラ仕立て

(材料) 1人前

柿	1個
※なるべく熟れたもの	
ニンニク	1g
生ハム	20g
パルミジャーノ・レッジャーノ	20g
水	3L
塩	2g
パスタ	100g
EXVオリーブオイル	30ml
レモン汁	15ml
ホワイトペッパー	0.6g
ミント	適量

Pepper
S&B
オーガニック白コショウ。マイルドな香りとスパイシーな辛みが特徴。

Pasta
NEW-OKUBO
麺に塩が練り込まれたパスタ。1.2mmのカッペリーニを使用。

1
盛り付けで使う以外のミントを刻んでおく。

2
ブレンダー専用の容器にニンニクを入れ、皮を剥いてカットした柿を入れる。

3
オリーブオイルを加える。

How to Cook

4
塩を加える。

10
塩を入れずにパスタをゆでる。メーカー推奨のゆで時間は4分だが5分ゆでる。

5
専用の絞り器を使って、絞り立てのレモン汁を加える。

11
パスタがゆで上がったら氷水で締める。

6
おろし器で削ったパルミジャーノを5に加える。

12
ボウルに水気をしっかり取ったパスタを入れ、上からブレンダーのソースをかけてよく混ぜる。

7
白コショウを入れる。

13
皿にパスタを盛り付ける。

8
ブレンダーを使ってしっかりと混ぜる。

fin
パスタを覆うように生ハムをのせ、上から仕上げのEXVオリーブオイルをかけてミントを飾る。

9
刻んだミントを加える。

俺ポ
卵を使っていないのに、限りなく見た目がカルボナーラに近いパスタ。イメージと味の違いを楽しんでもらいたい。

Interview

もはやカルボナーラは日本の食文化の中で
独自に進化しているパスタ料理だと思う

　カルボナーラというのは、イタリアの伝統的なものがベースにありつつも、日本の食文化の中で独自に進化してきていると思います。日本だからこそおいしくなっているという側面があるんじゃないかなと。

　もちろん、卵とチーズ、ブラックペッパーを使うことは基本だと思いますが、その先のアレンジの自由度はかなり高くなっている料理だと感じています。とはいえ、卵とチーズとブラックペッパーの味の組み合わせって、それまではなかなかないものだと思うので、すごい発見ですよね。ただそれ以外の食材は自由に考えて、僕としてはできるだけ普通では想像できないようなものを組み合わせて驚かせたいです。料理は伝統を重んじたり、基本に忠実なことも大事ですが、僕はエンターテインメント性を基準として料理を作っていますので、具材の組み合わせのおもしろさやアレンジの自由さを考えると題材としてカルボナーラはおもしろいと思っています。

　基本のカルボナーラでは、生クリームと牛乳の両方を使いましたが、これはクリーミーさを出したかったから。マイルドさを出すのが牛乳や生クリームなどの乳製品の効果だと思っているんですけど、生クリーム単体だとやはり少し脂肪分が多いので重くなる。かといって牛乳だけだとさらっとしすぎます。なので、今回は牛乳と生クリームを半々で使いました。卵黄を多めに使ったのも、やっぱり卵の味って卵黄の味だと思うんですよね。だから、卵黄がおいしさの決め手になる。ただ、先ほどと同じように卵黄だけだと重くなるので、全卵も入れてあげることでそのバランスを取っているという感じですね。

　今回は「NEW-OKUBO」という日本のメーカーが作っているパスタを使ったんですけれど、モチモチの食感がいいんですよね。パスタにもともと塩が練り込んであるので、ゆで汁に塩を加える必要はありません、もしもっと塩味をきかせたいなら塩を入れるのもありだと思います。カルボナーラってゆで上げたときから調理する時間が比較的長いほうなので、基本のカルボナーラは2.3mmという超太麺を使いました。前は1.4mmを使って作っていたんですけど、パスタは太ければ太いほどゆでた後伸びしにくいから、カルボナーラを作るときは太いほうがいいなと思うようになりました。

　アレンジパスタのほうは、とにかくカルボナーラじゃないものにしたかった！　もちろん僕のレパートリーの中でカマンベールを使ったカルボナーラなどいろいろとあるんですけど、今回はもっと外したくて。なぜなら、今回掲載されるシェフの中で僕が一番外せるし、外しても怒られない（笑）。その立場をフルに生かしてちょっと暴れたかったというのはありますね。

　でも、卵の代わりに柿というフルーツを使って全然カルボナーラじゃないものを準備したけれど、作ってみたら工程とかを見てもわかるようにかなりカルボナーラに寄ってしまって。もっと外せばよかったですね（笑）。

Tool

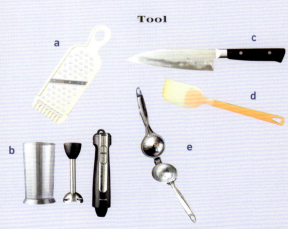

a.おろし器　b.ブレンダーはテスコム製　c.包丁はオリジナルの包丁「kireaji」
d.シリコンベラ　e.レモン絞り器

Pasta alla carbonara 18

入手しやすい豚バラ肉で作る
フレッシュなカルボナーラ

Chef George
吉田 能

ingredients

材料 1人前

豚バラ肉	50g
グリュイエールチーズ	20g
卵黄	2個
水	2L
塩	20g
パスタ	85g
バター	5g
生クリーム	15ml
黒コショウ	1g

Salt
Gros Sel
フランスの海水100%で作る天日塩。甘みを感じられて、肉や魚にも合う万能塩。

Pasta
MANCINI
イタリアのマルケ州産小麦のみを使用して作られる2.2mmの太麺タイプのパスタ。

How to Cook

1
豚バラ肉をカットする

豚バラの切り方 **短冊切り**

一般的な手に入れやすさを考え、国産の豚バラ肉を使う。切り方は短冊切り。

2
豚バラ肉に下味をつける

1の豚肉に塩（分量外）、黒コショウを振り、手で揉み込んで下味をつけ１０分ほど置きます。白コショウもあれば風味が増すのでおすすめです。

3
パスタをゆでるお湯に塩を加える

お湯の塩分濃度 **1%**

豚バラ肉に振った塩加減で塩分濃度は決める。肉に振った塩が多ければ0.9%くらいの塩分濃度でもいい。

151

How to Cook

俺ポ
フライパンはステンレスがおすすめ。肉が焦げついて、それをこそげ取ることで、ソースのうま味になる。フランス料理の「デグラッセ」という調理法。

4
じっくり、ゆっくり
豚バラ肉を炒める
冷めたフライパンに豚バラ肉を入れ、少量のオリーブオイル（分量外）をスプレーして弱火で炒める。

5
クリスピー感のある
焼き上がりに
豚バラ肉をカリッとクリスピーな感じになるまで炒めたら火を止め、トッピング用に豚バラ肉を半分取り出し余計なオイルも取り除く。

パスタのゆで時間
メーカー推奨
12min
George
12min

6
ゆで時間は
標準でOK
パスタは太麺タイプのため、メーカー推奨の時間でゆでる。

7
バターを焦がし
豚肉の臭みを消す

フライパンを弱火にしてから、バターを入れて溶かし茶色くなるまで火を入れます。焦がしバターにすることで豚肉の臭みが消えるんですよ。

8
ゆで汁を加えて
乳化させる
フライパンにゆで汁を入れて乳化させ、味見をして塩味が足りなければ塩を足す。

9
生クリーム卵液を
ボウルで作る

ボウルに卵黄と生クリームを入れて軽く混ぜ合わせる。

10
卵液に
黒コショウを入れる

豚バラ肉の下味にも使った黒コショウは、卵液にも振ってアクセントをつける。

11
ゆで加減は
必ずチェック

パスタの硬さは必ずひと口食べてチェック。表記のゆで時間はあくまでも目安とする。

12
グリュイエールチーズは
削ったものを使用

グリュイエールチーズはブロックを削ったものを使い、パスタの上に加える。

13
ゆで汁を
少し加える

フライパンを弱火にし、この後に入れる卵液が混ざりやすいようにゆで汁を加えておく。

How to Cook

14
パスタの上に卵液をかける

フライパンに卵液が直接当たらないように、ヘラを使ってパスタの上に卵液をかけるように入れる。

15
あおりながら空気を含ませて混ぜる

時々フライパンをあおりながら、空気を含ませるように混ぜ合わせる。

16
ソースの液体は若干残るくらいに

ソースの粘度が上がってきたら、液体が少し残るくらいで火を止める。

17
トッピング用の豚バラ肉を盛る

ソースが絡んだパスタを皿に盛り、取っておいたトッピング用の豚バラ肉をパスタの上にのせる。

18
最後の黒コショウで風味もアップ

ミルで黒コショウを挽きかけて完成。

Arrange
プチプチ食感のリゾット風カルボナーラ

材料 1人前

生ハム	1枚
マッシュルーム	2個(中サイズ)
グリュイエールチーズ	20g
温泉卵	1個
水	140ml
塩	少々
パスタ	60g
EXVオリーブオイル	少々
フォンドボー(市販のもの)	60ml
黒コショウ	少々
ニンニク	1/2片

**Pasta
DE CECCO
リーゾ**
デュラム小麦のセモリナ粉を使った、米粒のような形状のパスタ。

1
ニンニクは芽を取り、みじん切りにする。

2
マッシュルームもみじん切りにする。

3
生ハムもみじん切りにして食感を揃える。

How to Cook

4 冷めたフライパンに**1**、**2**、**3**を入れる。

10 パスタのメーカー推奨ゆで時間は11分だが、お湯でゆでているわけではないため、あくまでも目安として。

5 弱火でじっくりと炒める。焦げつくようであればオリーブオイルを少量入れる。

11 塩、コショウをして味を整える。

6 フライパンに直接パスタを入れる。

12 パスタにソースがしみ込んで、パスタの芯がなくなったら火を止める。

7 パスタと他の具材を混ぜ合わせる。

13 皿に盛り、パスタの中央に凹みを作って温泉卵をのせる。

8 フライパンに市販のフォンドボーを入れる。

fin 削ったグリエールチーズ、黒コショウをミルで挽きかけて完成。

9 フォンドボーを薄めるために水も入れる。

フォンドボーは店では仔牛で取ったブロードを使うが、市販のフォンドボーを使う場合は味が濃いため水で薄めるとちょうどいい。

Interview

卵の火入れ加減の難しさは
フランス料理もイタリア料理も同じ

　小さい頃に家族とイタリア料理店に行って初めてカルボナーラを食べたんですが、おいしいというよりも重たくて最後まで食べきれなかったんですよ。ちょっと当時は僕が子どもすぎたというか、大人になるにつれて、こんなにおいしいんだと思うようになりましたね。

　フランスで修業をしていたときには、まとまった休みがあるとイタリアに行ったりしていたんで、本場ローマのカルボナーラも食べました。でも、たまたま入ったお店は塩がきついし、卵に火が入りすぎていてスクランブルエッグみたいなものが出てきて、かなりびっくりしました。その後に、ちゃんと評価のあるお店に行ったら、パンチはあるけど洗練されていて、とてもおいしかった。本場でもすごく差のある料理なんだなって思いました。

　フランス料理を始めた頃、先輩に「卵の火入れがちゃんとできない奴は、肉や魚を触るな」と言われたんですけど、それくらい卵の火入れって難しい。カルボナーラはイタリア料理ですが、まさに卵の火入れがポイントとなる料理ですよね。

　今回生クリームを使ったのは、僕がフランス料理のシェフだから。ソースを作る感覚で生クリームを加えました。そういえばフランスでの修業をともにしたイタリア人のシェフが賄いで作ってくれたカルボナーラにも、生クリームが入っていることがありました。

　その国の料理・伝統というのはとても大事なんですけど、いいものをガンガン取り入れながら、そのレシピに合ったものを選んでいくというのが僕の料理の考え方ではありますね。

　パンチェッタやグアンチャーレって、それだけでうま味のある加工肉ですけど、家庭で手に入りやすくてその代わりになるものはないかなってちょっと考えまして、今回は一般的なスーパーマーケットでも売っているフレッシュな豚バラ肉を使ったレシピを基本として紹介しました。塩、コショウを豚バラ肉にまぶし手で揉み込み、10～15分ほど寝かせるだけで結構うま味が増します。これをゆっくりと炒めることで、かなり味に奥行きが出てきます。

　鍋底についた豚肉の焦げをこそげ落としながらソースのうま味に加えるとか、バターを焦がして豚肉の臭みを消すなどはフランス料理の手法です。ここでいう焦げとは黒焦げのようないきすぎた焦げではなく、茶色く色が変わる程度の焦げで、これがおいしさのポイントになってくるので、ぜひ試してみてください。

　アレンジで紹介した「リーゾ」というパスタは、名前のとおりお米にそっくりな形状ですが、プチプチした食感が昔から大好きなんです。もちろん他のショートパスタでも、お米でも作れるレシピですが、このプチプチ感を味わってみてほしいですね。生ハムもみじん切りにしてしまうのでお店では残った切れ端を使ったりします。市販でも切れ端をお得に買えたりしますよね。温泉卵とグリュイエールチーズ、黒コショウなどと一緒に混ぜて食べることで、口の中で一気にカルボナーラ感が広がります。

Tool

a 包丁は三星刃物製　b ゴムベラ　cチーズグレーターはマイクロプレイン製
d ピンセット　e　2個セットのペッパーミル

カルボナーラの素材・調理一覧表

ページ数	シェフ名	パスタの種類	太さ	パスタの量	ゆで汁の塩分濃度	ゆで時間（標準）	ゆで時間（シェフ）	肉の種類	肉の調理
P14	片岡 護	DE CECCO	1.6mm	90g	1%	9分	6分30秒	ベーコン	短冊切り
P22	山田宏巳	MANCINI	2.4mm	100g	1%	15-17分	17分	グアンチャーレ	短冊切り
P30	原 宏治	DE CECCO	1.9mm	100g	0.75%	12分	11分	パンチェッタ	短冊切り
P38	日髙良実	DE CECCO	1.6mm	90g	1%	9分	6分30秒	パンチェッタ	短冊切り
P46	山根大助	DE CECCO	1.9mm	80g	1%	12分	9分30秒	パンチェッタ	薄切り
P54	濱﨑龍一	MANCINI	1.8mm	100g	1%	9-10分	7分	ベーコン	短冊切り
P62	鈴木弥平	REGALO	1.7mm	80g	1%	8分	8分	グアンチャーレ/パンチェッタ	細切り/短冊切り
P70	小川洋行	Ferrara	1.7mm	60g	1.5%	7分	6分30秒	パンチェッタ	薄切り
P78	奥田政行	DE CECCO	1.6mm	100g	3%	9分	9分50秒	ベーコン	短冊切り
P86	秋田和則	Voiello	1.92mm	100g	1.1%	9分	10分	グアンチャーレ	短冊切り
P94	桝谷周一郎	自家製	-	80g	1%	-	2分	パンチェッタ	短冊切り
P102	直井一寛	DE CECCO	1.9mm	70g	1%	12分	9分	パンチェッタ	短冊切り
P110	神保佳永	Voiello	1.9mm	70g	1%	8分	8分	グアンチャーレ	短冊切り
P118	シェフ ロピア	MANCINI	メッツェマニケ	80g	1%	11分	11分	パンチェッタ/グアンチャーレ	短冊切り/細切り
P126	弓削啓太	MANCINI	2.2mm	80g	1%	12分	11分	パンチェッタ	短冊切り
P134	Pastaクオーレ	MANCINI	1.8mm	100g	1.3%	10分	9分30秒	ベーコン	拍子木切り
P142	大西哲也	NEW-OKUBO	2.3mm	100g	0%	13分	13分	ベーコン	短冊切り
P150	吉田 能	MANCINI	2.2mm	85g	1%	12分	12分	豚バラ肉	短冊切り

卵の量	チーズの種類	チーズの量	コショウの調理	生クリームの有無・量	オイルの有無・量	仕上げの方法	他の食材
卵黄1個、全卵1個	パルミジャーノ・レッジャーノ	30g	ミル挽き	あり 30ml	あり 10ml	フライパン	白ワイン、ニンニク
卵黄1個、全卵1個	パルミジャーノ・レッジャーノ	50g	鍋底つぶし	なし	あり 20ml	ボウルで湯煎	スッポンの卵、ニンニク
卵黄3個	ペコリーノ・ロマーノ	25g	肉たたき器つぶし	なし	あり 5ml	フライパン	ニンニク
卵黄1個	パルミジャーノ・レッジャーノ	20g	ミル挽き	あり 15ml	あり 少量	フライパン	タマネギ
卵黄1個、全卵1個	パルミジャーノ・レッジャーノ	12g	ミル挽き	あり 10ml	あり 適量	フライパン	昆布水
卵黄2個	パルミジャーノ・レッジャーノ	30g	肉たたき器つぶし	あり 40-50ml	あり 15ml	フライパン	鶏のブロード、ニンニク
卵黄2個	パルミジャーノ・レッジャーノ/ペコリーノ・ロマーノ	12g/8g	ミル挽き	なし	なし	フライパン	
卵黄2個	パルミジャーノ・レッジャーノ	20g	ミル挽き	なし	あり 20ml	ボウル	鶏のブロード、イタリアンパセリ、ニンニク
卵黄1個、全卵1個	グラナパダーノ	30g	ミル挽き	あり 100ml	あり 15ml	フライパン	バター、ニンニク
卵黄2個	ペコリーノ・ロマーノ	10g	ミル挽き	なし	あり 適量	ボウル	仔牛と鶏のブロード、ニンニク
卵黄1個	パルミジャーノ・レッジャーノ	10g	ミル挽き	あり 40ml	あり 30ml	フライパン	
卵黄2個、卵白1/2個	パルミジャーノ・レッジャーノ/ペコリーノ・ロマーノ	10g/4g	ミル挽き	あり 15ml	あり 5ml	ボウルで直火	タマネギ
卵黄2個	ペコリーノ・ロマーノ/パルミジャーノ・レッジャーノ	10g/10g	肉たたき器つぶし	なし	あり 30ml	フライパン	
卵黄2個	パルミジャーノ・レッジャーノ	25g	ミル挽き	なし	あり 10ml	フライパン	
卵黄2個	ペコリーノ・ロマーノ	25g	肉たたき器つぶし	なし	あり 10ml	フライパン	
全卵3個	ペコリーノ・ロマーノ	20g	ミル挽き	あり 20ml	あり 22.5ml	フライパン	昆布水、白ワイン、鶏のブロード、ニンニク
卵黄2個、全卵1個	パルミジャーノ・レッジャーノ	20g	ミル挽き	あり 15ml	あり 20ml	フライパン	牛乳
卵黄2個	グリュイエールチーズ	20g	ミル挽き	あり 15ml	あり 少量	フライパン	バター

監修	Chef Ropia
編集	木下玲子／木庭 將（choudo）
デザイン	柴田ユウスケ、なんとうももか（soda design）
撮影	佐々木宏幸

俺のカルボナーラ

鉄人シェフ18人が作る基本&アレンジレシピ

2025年3月24日　初版発行

発行人	勝山俊光
編集人	川本 康
編集	平山勇介

発行所　株式会社 玄光社

〒102-8716
東京都千代田区飯田橋4-1-5
TEL:03-3263-3515
FAX:03-3263-3045
URL:https://www.genkosha.co.jp
問い合わせ:https://entry.genkosha.co.jp/contact/

印刷・製本 シナノ印刷株式会社

©2025 Genkosha Co.,Ltd.
Printed in Japan

JCOPY ＜（社）出版者著作権管理機構 委託出版物＞

本誌の無断複製は著作権法上での例外を除き禁じられています。複製される場合は、そのつど事前に、（社）出版者著作権管理機構（JCOPY）の許諾を得てください。
また本誌を代行業者等の第三者に依頼してスキャンやデジタル化することは、たとえ個人や家庭内での利用であっても著作権法上認められておりません。
JCOPY〈TEL:03-5244-5088　FAX:03-5244-5089　E-mail:info@jcopy.or.jp〉